VERDADES E CONCEITOS
I

EDGARD ARMOND

VERDADES E CONCEITOS
I

Editora Aliança

2ª edição, agosto de 2000, do 4º ao 8º milheiro

Título

VERDADES E CONCEITOS I

Copyright 1981

Autor

Edgard Armond

Design Gráfico

Agênciaum

Capa

Sérgio Puga

Impressão

Vida & Consciência Editora e Gráfica Ltda.

Ficha Catalográfica

Armond, Edgard, 1894-1982

A763v Verdades e Conceitos I / Edgard Armond

2ª edição - São Paulo: Editora Aliança - 2000

100 págs.

1. Espiritismo 2. Espiritismo I. Título

CDD - 133.9

EDITORA ALIANÇA

Rua Francisca Miquelina, 259 - Bela Vista - São Paulo - SP

CEP 01316-000 - Fone: 3105.5894 - Fax: 3107.9704

www.alianca.org.br e-mail: alianca@alianca.org.br

Índice

Explicação Necessária

Visando a uma maior divulgação de assuntos de interesse doutrinário, reunimos aqui alguns artigos publicados em *O Trevo*, jornal da Aliança Espírita Evangélica, em várias datas e que convém também divulgar para fora dos ambientes da instituição.

São Paulo, 10 de abril de 1981

Edgard Armond

1

ASSUNTOS DIVERSOS

Em prosseguimento ao trabalho de entrevistar líderes espíritas para esclarecimento de assuntos de interesse geral, o confrade Ney Pietro Peres formulou-hos as perguntas seguintes:

1 — Como o confrade entende o Espiritismo como doutrina e como ação no meio social de hoje?

R — Sempre vimos o Espiritismo como uma doutrina espiritualizada missionária, mais avançada, operante e objetiva que as demais conhecidas, e de natureza cósmica e universal.

2 — Por que missionária, cósmica e universal?

R — Missionária porque nasceu para opor-se às forças negativas dominantes e restabelecer o Cristianismo Primitivo; cósmica porque está ligada, pela parte religiosa e de forma essencial, à redenção da humanidade terrestre; e universal porque difunde conhecimentos que ultrapassam fronteiras sectárias e, até mesmo, planetárias.

3 — Quais seriam esses conhecimentos de tão amplas dimensões a que se refere?

R — Os das leis, de milenar existência, sobre criação, evolução humana progressiva, reencarnação, carma; a pluralidade dos mundos habitados e o intercâmbio pela mediunidade; leis e conhecimentos pré-existentes mas tornados exclusivos, que o Espiritismo vem generalizando e popularizando, desde seu advento.

4 — *Nestes dias em que um filme — O Exorcista — vem desencadeando uma onda de perturbação em torno à crença no demônio, como o confrade vê o progresso do Espiritismo no mundo?*

R — Muito lento e insuficiente. Com as armas que possui e pode adestradamente manejar, já deveria estar muito mais difundido, bastando citar a França, local onde nasceu e foi a Doutrina codificada e onde é quase que desconhecida e pouco praticada.

O Brasil, muito embora seja o núcleo mais importante e vivo da expansão no mundo todo, ressente-se da mesma falha, por falta de melhor entendimento, condução uniforme e controlada, imaginação e dinamismo.

5 — *Quais seriam essas armas a que se refere e que a Doutrina possui para combater esses males de maneira eficaz?*

R — A Codificação unitária feita por Kardec; a base moral do Evangelho Cristão, entendido e vivido, em espírito e verdade, na vida comum; e a mediunidade, aqui no Brasil já podendo ser escoimada de fanatismo, empirismo e superstições.

6 — *Como o confrade considera a obra de Kardec?*

R — Magistralmente realizada, com alto descortino espiritual.

7 — *Acha que a Codificação pode colocar a Doutrina em ponto alto de realizações estáveis para a humanidade conturbada?*

R — Sem dúvida alguma e como, aliás, já vem fazendo, devendo contudo aperfeiçoar e ampliar o esforço muito mais intensamente.

8 — *Julga então que a Doutrina é completa e definitiva?*

R — Completa e definitiva, não; nada existe assim nos mundos baixos como o nosso; adequada à época e aos fins propostos, isso sim.

9 — *Poderia o confrade se estender um pouco mais a respeito deste assunto de tão grande interesse?*

R — A tarefa de Kardec, como missionário escolhido pelo Alto, era essa: codificar a Doutrina nascente e fixar as bases iniciais dos conhecimentos revelados. Isso foi feito e nem lhe sobrou tempo para mais, o que prova que essa era realmente a tarefa.

Após ele vieram as complementações, os detalhamentos, as interpretações dos sentidos filosófico e científico, por parte de seguidores ilustres e capazes, também escolhidos e, por fim, a autenticação dos fenômenos por grupos de cientistas que entraram no problema geral, acionados também pelo Alto.

Mas, após isso, sobreveio um século de semi-estagnação, que deu margem a uma difusão lenta, medrosa e acanhada, com pequenas ressalvas para o lado da assistência social do setor religioso, mais de caráter pessoal que de organização; e de práticas de efeitos físicos, um pouco mais amplamente difundidos, por serem mais atraentes, mas que não trouxeram grande proveito; e, sobre isso, o peso de uma ortodoxia exagerada e contraproducente, com tendência que até hoje remanesce, de se transformar a Doutrina em uma seita denominada Kardecismo.

10 — *E como vê o futuro do Espiritismo?*

R — Defrontado de um lado pela ciência materialista já bem dominante no mundo, alimentando o negativismo religioso nos Espíritos em formação; e, de outro lado, pelos movimentos paralelos sincréticos, de inferior expressão espiritualizante, que se expandem rápida e largamente pelo País, já invadindo até mesmo áreas dirigentes, sob justificativas de liberalidade.

11 — E qual a solução ou o remédio que o confrade aponta para corrigir essa situação?

R — Há muitos detalhes a considerar, mas pensemos que seria útil incrementar a propagação doutrinária do setor filosófico, mobilizando para isso grupos selecionados de líderes competentes e virtuosos, para mais ampla penetração de esclarecimentos no seio do povo, focalizando as finalidades da Doutrina no campo ideológico; adoção de práticas mais avançadas no atendimento de doenças e no intercâmbio espiritual; e finalmente o desenvolvimento preferencial do setor religioso, criando-se cursos e escolas abertas, de formação mediúnica apurada e de evangelização, com base na reforma íntima compulsória, conduzida, assistida e amparada convenientemente.

Não vemos soluções adequadas na hora histórica que vivemos, recurso mais positivo e poderoso para enfrentar, com vantagens, essas forças de desgaste e oposição: 1) porque o setor científico da doutrina, no exclusivismo de avanços somente materiais, no momento não interessa muito nem mesmo ao Plano Espiritual, mais que nunca voltado agora para as atividades de sentido redentor, positivas e não aleatórias; 2) por estarem as atividades desse setor dito científico-doutrinário absorvidas pela Parapsicologia, criada justamente para isso; 3) porque as do campo social como já dissemos, estão crescentemente afetadas pela influência dos referidos movimentos paralelos, muito atraentes e afins com as tendências utilitárias e imediatistas do povo em geral, ainda muito pouco preocupado com a evolução espiritual.

12 — Por que dá tanta ênfase ao setor religioso?

R — Porque, no momento, a evangelização de base cristã verdadeira transcende aos citados movimentos (materialismo e sincretismo), visto que tanto um como outro são-lhe refratários, sendo a evangelização considerada até mesmo pelos dois outros setores doutrinários (ciência e filosofia) como uma conseqüência ou decorrência das atividades que lhes são próprias.

E como não há tempo a perder com tentativas de resultados hipotéticos e de mudanças de situações, somente uma minoria idealista, mais amadurecida, compreendeu a necessidade espiritual, vital, da reforma íntima; e ainda, porque esta situação só poderá ser alterada substancialmente nos dias futuros, com a interferência direta do Plano Maior, nos tempos preditos e aguardados do selecionamento cíclico.

13 — Há muito pessimismo na sua opinião, não acha?

R — Acho que é hora de trabalhar dobrado, para recuperar muito tempo perdido com palavras, desvios e promoções de efeitos mínimos e aparentes. Mas aponto também fatos estimuladores, dentre os quais posso citar a Aliança Espírita Evangélica — fundada a 4 de dezembro de 1973 — animada destes pensamentos redentores e que, para dar bom exemplo, organizou-se nestas bases objetivas e práticas da ação, e desenvolve suas atividades inteiramente dedicadas a difusão religiosa, pela reforma íntima compulsória, nas Escolas de Aprendizes do Evangelho, criadas nas unidades novas e independentes que formam sua estrutura inicial.

Se esse empreendimento for compreendido na sua justa natureza e francamente apoiado, ainda haverá tempo para se emendar a mão e mudar para rumos mais promissores, produtivos e adequados, fugindo ao arcaísmo e à rotina estagnadora.

NOTA: *Em complemento a esta entrevista transcrevemos aqui três respostas de Emmanuel, recebidas pelo médium Chico Xavier, respondendo a perguntas que tive a oportunidade de fazer-lhe dia 10 de março de 1974:*

P — No momento em que vivemos hoje, dentro das prementes necessidades da humanidade, estamos nós, os trabalhadores, conduzindo acertadamente a Doutrina dos Espíritos, neste país?

R — Todos nós, os servidores da Doutrina Espírita no Brasil, encarnados e desencarnados, somos companheiros na construção do mundo de amanhã, com as limitações que nos são próprias, mas sempre progredindo sob a orientação dos Mensageiros do Senhor, para realizarmos o melhor ao nosso alcance.

P — Poderiam nos ser dadas as principais diretrizes a serem estabelecidas na época atual do Planeta, já naturalmente planejadas nos Planos Maiores?

R — Filhos, mesmo no chamado mundo de hoje, as diretrizes traçadas para nós todos na Obra Kardequiana, à luz dos ensinamentos do Cristo, continuam buscando a nossa atenção para o estudo e execução que nos dizem respeito.

P — Considerando o Espiritismo como sustentador do Cristianismo em sua pureza original, qual aspecto poderia dizer-se prioritário: o Religioso, o Filosófico ou o Científico?

R — Indiscutivelmente o aspecto religioso do Espiritismo, na condição de Cristianismo, é o mais importante.

São Paulo, 1974

2

NOS MESMOS CAMINHOS

Quase todos os que nos dedicamos, aqui na Terra, à difusão das verdades espirituais, somos trabalhadores de classe inferior, Espíritos ainda retardados e devedores em fase de resgates, mas é fora de dúvida que, ligados firmemente a Jesus, seremos fortalecidos e poderemos realizar uma cooperação altamente proveitosa aos programas do Plano Espiritual Superior.

Vibrando com os Poderes Espirituais no sentido do Bem, poderemos ajudar a neutralizar as forças deletérias das Trevas e clarear os horizontes do mundo, nos setores ao nosso alcance individual, no mínimo em termos de consolação e de esperança, produzindo assim uma atividade construtiva e benéfica.

Assim como fez com os Apóstolos e Discípulos, depois de armá-los com esclarecimentos e poderes espirituais mediúnicos, mandando que saíssem pelo mundo a pregar a Boa Nova que lhes trouxera, assim até hoje Jesus está fazendo, através de prepostos e mensageiros, aprendizes e discípulos, espalhados pelo mundo.

Os trabalhadores de hoje, que são milhares, também recebem o mandato e saem e falam em Seu nome e pregam a mesma mensagem redentora de outrora.

E se essa pregação não tem maior brilho ou força realizadora é porque nós, os trabalhadores de hoje, não possuímos as virtudes de espírito que os mensageiros daquele tempo possuíam, sobretudo no terreno da fé, da humildade, do desprendimento e do amor aos semelhantes, virtudes essas que ganhavam alento poderoso e único na esperança do breve regresso do Mestre, conforme promessa ouvida de sua própria boca e que julgavam dever realizar-se naqueles mesmos dias.

Os tempos agora mudaram, mas as necessidades são as mesmas e devemos agora mostrar também virtudes valiosas e provar que, apesar de tudo, pelo grande amor que devotamos ao Divino Mestre, e com seu poderoso auxílio, seremos dignos das tarefas que nos cabem no campo da propagação.

São Paulo, 1974

3

O VALOR DO INSTRUTOR

Em uma turma formada por aprendizes conscientizados, o valor do instrutor avulta de forma singular e, com sua só presença, já tranqüiliza e conforta, pois que nele os aprendizes depositam suas melhores esperanças de apoio irrestrito e de assistência carinhosa, para a aquisição dos conhecimentos doutrinários e garantia do êxito dos seus esforços na luta pela reforma íntima, que é fator indispensável do trabalho comum.

Se o instrutor, em todos os sentidos, se mostra à altura da tarefa que lhe foi atribuída, e se for idealista e sincero, sua alma irá toda inteira nos ensinamentos que veicula, nos pensamentos que emite, no afã dignificante de esclarecer, orientar e amparar os aprendizes na sua luta de auto-aperfeiçoamento.

E, quanto a estes, quando animados pelos mesmos ideais elevados, se apoiam também uns nos outros, beneficiando-se mutuamente, formam assim um conjunto de forças construtivas e realizadoras, que garantirão os melhores resultados ao termo final dos esforços comuns.

Empolgados pelo que aprendem, enlevados pelo ambiente harmonioso das aulas e pelas revelações que o instrutor, dentro dos programas, transmite e exemplifica, unem-se todos, irmanam-se, fraternizam-se nas alegrias da mesma ansiedade final de se fazerem discípulos.

E, sobre esse panorama espiritual elevado, que a todos beneficia, acrescentam-se ainda as interferências do Plano Espiritual Superior, cujos influxos estimuladores valem como poderoso auxílio à evangelização buscada nos termos recomendados pelo Divino Instrutor Jesus.

Neste trabalho o instrutor é elemento relevante e sua tarefa jamais se poderá confundir com as dissertações frias, de caráter intelectual, que atingem mais o cérebro que o coração, com desprezo evidente do elemento místico — o poderoso estimulador e mantenedor da fé.

São Paulo, 1975

4

Unificação Espírita - 1947
A Tese Vencedora

"De todas as teses apresentadas à Comissão Julgadora, apenas uma oferece diretrizes completas e seguras, baseadas num critério objetivo das atuais condições do movimento espírita do Estado, para a realização da unificação do mesmo: a apresentada pelo Cmte. Edgard Armond, em nome da Federação Espírita do Estado de São Paulo."

Esse foi o parecer da comissão, constituída pelos confrades Pedro de Camargo, J. Herculano Pires, Luiz Monteiro de Barros, Roberto Previdello e Manoel Pizarro, após terem submetido a análise minuciosa 25 trabalhos apresentados no 1º Congresso Espírita do Estado de São Paulo.

❖

Atendendo à solicitação que representantes dos Grupos Integrados à Aliança formularam na sua última Assembléia, transcrevemos abaixo a Tese da autoria do Cmte. Edgard Armond que, já em 1947, abordava a unificação do Espiritismo, com planos avançados, sugerindo a unificação em duas etapas: a primeira seria de ordem doutrinária e a segunda, condicionada ao êxito da primeira, abrangeria a unificação no campo administrativo.

Entre outras valiosas idéias, propunha o Cmte. Armond, nessa ocasião, a criação das UMES (Uniões Municipais Espíritas) e exaltava a unificação das práticas doutrinárias como pedra angular nesse complexo campo. Falava-nos do desenvolvimento da assistência social, da instrução doutrinária aos adultos e às crianças, da assistência e orientação aos centros filiados e descortinava um caminho "completo e seguro" para que a unificação se processasse.

Entretanto, transcorridos 28 anos, nem sequer as práticas doutrinárias se encontram uniformizadas, ficando a critério dos dirigentes ou dos "guias" estabelecerem métodos, quando o fazem, isolados e parciais, para os tratamentos espirituais e para o desenvolvimento mediúnico!

Cumpre-nos ressaltar o papel importante da ALIANÇA nesse particular, que vem mantendo rigorosa uniformidade em três setores básicos apontados na Tese Vencedora: os métodos padronizados de tratamentos espirituais, as Escolas de Aprendizes do Evangelho e o Curso de Médiuns.

Em seguida, temos o texto integral da Tese do Cmte. Edgard Armond:

"Irmãos Congressistas:

Pelo conhecimento que pessoalmente temos da situação e dos problemas que, no momento, apresenta o Espiritismo estadual, não julgamos aconselhável que este Congresso tente, num só lance e de forma definitiva, a unificação que todos nós almejamos. Porque não será com um simples decreto que este Congresso conseguirá modificar o caráter, a mentalidade e os sentimentos da massa espírita, nem o modo pelo qual julga que deve trabalhar na seara do Mestre e que, em regra geral, tem esse aspecto que conhecemos, arbitrário e isolacionista, sem nenhum pensamento de unidade social.

Mesmo as maiores iniciativas representam sempre esforços isolados, de indivíduos ou de grupos, sem repercussão e desdobramentos no conjunto.

Assim, pois, o que se puder conseguir como fruto desta importante reunião será sempre uma conquista lenta, sujeita ao tempo, dependendo de paciência, tolerância e tenacidade realmente evangélicas.

Por isso, propomos a unificação em duas fases ou etapas: a primeira de aspecto espiritual ou doutrinário e a segunda de aspecto material ou administrativo.

Na primeira se tentará a preparação dos espíritas para o exercício de atividades sociais em comum, num dado tempo, estabelecendo-se pontos de interesse coletivo, que possam congregar todos os corações e estimular todas as vontades; durante esse tempo procurar-se-á modificar a mentalidade dispersiva e o personalismo atualmente existentes e obter, pelo menos da maior parte, uma certa unidade de propósitos e uma cooperação uniforme, disciplinada, espontânea e realmente fraternal.

Se não houver esse desejo de viver unidos e esse esforço de cooperação em torno a objetivos comuns, muito pouco se conseguirá, por mais que se trabalhe, nesse terreno de unificação, porque de muito mais transcendência que as resoluções deste Congresso, serão a repercussão e a boa acolhida que elas tiverem na massa espírita que deve torná-las realidade.

Tudo depende, pois, do espírito de solidariedade dos nossos confrades da Capital e do Interior.

Por isso, na primeira fase, trataremos somente da unificação no campo doutrinário e, na segunda, se a primeira obtiver êxito, passaremos à unificação material, que será estudada e decretada por outro Congresso a ser oportunamente convocado.

Esta nossa proposta, como vêem, se escuda na prudência .e na experiência que ensinam que empreendimentos de vulto como este não se podem realizar num só dia.

E queremos também dizer que nos dias que correm tudo está se precipitando para soluções desesperadas e complexas, nos apontando o caminho da calma e da reflexão; não nos devemos precipitar não só porque, mormente no terreno espiritual, as modificações são sempre lentas e progressivas, como também porque não devemos levar o nosso movimento espiritual, tão belo e transcendente, ao tumulto e à desorientação que reinam por toda parte."

Feitas estas considerações, passamos agora a responder os itens do temário organizado pela USE (União Social Espírita).

1 — Que processos usar ou providências tomar para, no momento, consolidar e, no futuro, manter a unificação realizada pela USE?

R — Que este Congresso, representante que é da maioria das instituições espíritas que aderiram ao projeto de unificação, eleja um organismo centralizador e diretor do movimento; outorgue a esse organismo autoridade para agir oficialmente e elaborar o programa mais conveniente de acordo com diretrizes fundamentais estabelecidas pelo próprio Congresso; publique uma declaração recomendando a todas as entidades espíritas do Estado que hipotequem a esse novo organismo seu apoio moral e material e se subordinem, agora e no futuro, à sua superior e oficializada orientação doutrinária.

Se a maioria das entidades espíritas de todo o Estado atenderem ao apelo nas condições citadas, comprometendo-se a cooperar, *ipso facto* estará consolidado o movimento dependendo do modo pelo qual o novo organismo diretor realize sua tarefa coletiva.

E, contrariamente, se as instituições espíritas não corresponderem ao apelo ou o fizerem em radical minoria, o movimento, pelo menos por enquanto, malogrará e ficará provado que o próprio Espiritismo em nosso Estado ainda não evoluiu ao ponto de merecer este benefício espiritual.

2 — Que organização estrutural deve ter o Espiritismo estadual unificado?

R — Um sistema federativo formado de uniões espíritas municipais nas cidades do interior, integradas em um organismo central diretor, sediado na capital.

Por outro lado, e em complemento, o sistema estadual integrado oportunamente no sistema nacional a organizar-se.

3 — Se a unificação foi feita, entre outras coisas, para terminar com a dispersão, que organismo ou entidade sugerem ou criam para, no Estado, conduzir o movimento unificado?

R — Não convindo criar uma nova entidade para não se reincidir na dispersão, propomos a conservação da própria USE, que continuará a existir como simples legenda, já que ela tão brilhantemente realizou a tarefa preparatória da unificação, possibilitando a reunião deste Congresso.

Este Congresso elegerá a diretoria da nova entidade e dar-lhe-á posse antes de seu encerramento e as indicações para esses cargos naturalmente que devem recair sobre confrades cultos, respeitáveis e operosos que, sobretudo, gozem no seio da massa espírita da Capital e do Interior de bom nome e de prestígio moral indubitável.

4 — *Qual deve ser o programa desta entidade ou organismo; qual sua constituição e com que recursos se manterá?*

R — O programa será o da própria finalidade do movimento; manter e desenvolver, nos mais amplos limites possíveis, o movimento de unificação, buscando influir não só sobre os Centros e demais instituições organizadas, como sobre as de funcionamento irregular e dos grupos familiares que são ainda em maior número.

Agrupar todas as energias e vontades em torno a realizações de interesse geral como, entre outras:

— A planificação e o desenvolvimento e assistência social; dar instrução e dar educação doutrinária de adultos e crianças;

— Combate ao falso Espiritismo e às deturpações e contrafações da doutrina;

— Uniformização criteriosa e razoável das práticas doutrinárias, interpretações e conceituação, tudo com base na Codificação Kardecista e sem prejuízo das modificações que a própria evolução introduziu na doutrina;

— Assistência e orientação sistemática e direta a todas as instituições existentes no Estado;

— Divulgação doutrinária pela imprensa leiga e, se possível, a organização de uma editora para impressão de obras espíritas e sua distribuição em caráter popular.

Sua constituição será: um conselho deliberativo de doze membros, uma diretoria executiva de três membros, uma secretaria, uma tesouraria e, inicialmente, dois departamentos, sendo um de propaganda-estatística e outro de ação social (vide anexo no fim deste capítulo).

O Congresso elegerá o Conselho Deliberativo e este, em seguida, indicará a diretoria executiva, devendo ambos receberem posse, como já se disse, na sessão final do Congresso; a Diretoria Executiva realizará as deliberações do Conselho e no caso deste, por qualquer circunstância, se tornar inoperante, negligente ou incapacitado de ação eficiente, assumirá ela a direção efetiva do movimento, dentro do prazo de sua gestão, que propõe seja de três anos.

Finalmente, sua manutenção será feita pelo recebimento de donativos, legados, subvenções e contribuições obrigatórias de todas as instituições espíritas organizadas existentes no Estado e cujo número pode ser calculado em 733, convindo que o Congresso estabeleça desde já essa cota. Proponho o mínimo de 20 cruzeiros mensais.

5 — *Tendo em vista a evolução das coisas e atual situação do mundo, quais as diretrizes a estabelecer para a condução do movimento espírita unificado?*

R — As da própria doutrina, e de esclarecimento e purificação dos Espíritos para o apressamento da evolução da humanidade; do universalismo e do exercício da fraternidade; bater-se pela alteração do conceito de nacionalismo egoístico e pela eliminação do isolacionismo entre as nações e dos privilégios de raça, de casta e de crença; bater-se pela paz permanente, pelo desarmamento e pela outorga de todas as liberdades individuais; ajudar a organizar-se no Brasil o centro mais operoso e perfeito de espiritualidade; e difundir-se pelo mundo, como preparação do advento do próximo terceiro milênio, os ensinamentos da terceira revelação com base nos Evangelhos de Nosso Senhor Jesus Cristo.

6 — *Considerando os três aspectos da doutrina — ciência, filosofia e religião — como conjugar esforços para no campo social assegurar o desenvolvimento harmonioso dessas três modalidades doutrinárias?*

R — A resposta a este item o próprio novo organismo diretor a dará com a organização e a aplicação do seu programa.

❖

Proponho que dentro de 60 dias a contar de sua posse o novo organismo submeta tal programa à consideração de todo Espiritismo estadual; e que desse programa conste, nas disposições finais, o compromisso que ele assume de, transcorridos os três anos de sua gestão, convocar novo congresso, dar-lhe contas de suas atividades e, segundo o caso, proponha ou não a realização da segunda fase do movimento, isto é, unificação material ou administrativa, apresentando, para isso o plano que deverá ter organizado previamente.

Nessa hora, é de supor que já tenhamos evoluído o bastante para possuirmos uma apreciável mentalidade unitiva, fruto do labor comum realizado na primeira fase; a experiência e o discernimento bastantes para compreender que esta ingente obra de unificação é necessidade imperiosa da época e depende do concurso sincero e devotado de todos.

Muitas rivalidades, suspeições, dissensões e personalismos terão provavelmente desaparecido, dando lugar à estima e à confiança precípuas e permitindo, então, que se possa tratar da unificação material, problema delicado e complexo, cuja solução hoje julgamos inviável e contraproducente, por ferir interesses não só de indivíduos como de entidades organizadas, algumas até com diretoria vitalícia.

São estas, caros irmãos, as sugestões que trago ao vosso esclarecido exame, com a esperança de ter assim, de alguma forma, concorrido para que este Congresso realize obra útil, criteriosa e justa, que realmente encaminhe para uma solução duradoura e segura o grande problema de caráter doutrinário-social que aqui nos reúne e que, sob o olhar compassivo e inspirador do Divino Mestre, fraternalmente tentamos resolver.

Que o Pai Celestial nos guarde — para que acertemos.

São Paulo, março de 1947

Edgard Armond

ANEXO

Constituição do Conselho:

Doze membros efetivos centrais.

Número não limitado de membros efetivos regionais.

Um quadro de Suplentes.

Ao Conselho se atribui a capacidade de, por si mesmo, se recompor, substituindo por motivos justos o seu quadro primitivo por elementos tirados do quadro de suplentes; como também se lhe outorga a faculdade de prover, em limites não determinados, o quadro de membros efetivos regionais.

Março de 1947

5

O CHOQUE ANÍMICO

O Choque Anímico é um método de cura destinado àqueles que já passaram pelo Pasteur 2 e necessitam de uma assistência maior. Aplica-se nos casos em que a doutrinação é aconselhada[1], valendo como substitutivo desta em Casas de grande movimento, onde o número de doentes é avultado.

O grupo é formado com pessoas previamente selecionadas (um mínimo de três, além do aplicador); sentam-se em semicírculo, colocando-se o aplicador de costas para a corrente.

Os doentes são conduzidos ao grupo e mantidos a uma distância de um metro (mais ou menos). O aplicador estende a sua mão direita espalmada sobre a cabeça do doente para polarizar as forças do Alto, enquanto que os participantes da corrente (sem dada de mãos) projetam para o coração dos obsessores emissões intensas de amor, de paz, de equilíbrio, no curto período de um minuto.

As emissões vibratórias dirigidas ao coração do obsessor provocam intenso choque anímico, emoção desconhecida para Espíritos que somente sabem vibrar em escalas negativas e inferiores. Esse choque emocional vai aos poucos alterando sentimentos, pensamentos e atos.

São Paulo, 1976

[1] Atualmente, nos grupos da AEE (Aliança Espírita Evangélica), estes casos — de doutrinação — são tratados no P-3B. Ver *Passes e Radiações*, caps. 13 e 15. (Nota da Editora)

6

Mensagem Para a 1ª Reunião Estadual Da Aliança

Caros amigos e companheiros.

Na estrutura interna da Aliança, estas reuniões trimestrais, de âmbito estadual, valem como uma demonstração periódica de resultados de atividades sociais e doutrinárias.

Assim como, para o indivíduo, ela oferece oportunidade de realizações pessoais na Escola de Aprendizes do Evangelho, no campo social demonstra suas atividades gerais em todos os escalões do organismo estrutural.

E isso é importante porque confere com o sentido da própria evangelização, na parte de preparação do indivíduo para as atividades pessoais e sua transposição para a execução delas no plano social coletivo.

A Aliança, por isso mesmo, é ação evangélica individual e coletiva, que não se pode deixar envolver e estratificar em rotina e, conforme seu próprio nome, não é um organismo burocrático, intransigente, mas pragmático, flexível, para poder atingir seus alvos de amor e paz que o Evangelho exige; intransigente contra o erro, a licença, a desordem e o mal, enfim, que combatemos, mas transigente e flexível quanto à paz, à harmonia e ao amor que buscamos.

Não é uma sociedade à qual se pagam mensalidades para assegurar vantagens ou deveres sociais, mas uma comunidade de agrupamentos seguidores do Cristo, em cujas mentes já se formou um consenso comum de fraternidade e de afeto recíproco, em uma alta noção de responsabilidade funcional, segundo a qual todos respondem pela sua existência e pelo êxito de suas atividades de evangelização.

Há evidente diferença entre a ação de uma sociedade que simplesmente se rege por regulamentos estáticos e um organismo de iniciação cristã, que espiritualiza na força dinâmica da reforma íntima, e capitaliza os resultados desta, tanto na vida individual, como na coletiva, ambas na forma de atividade missionária, sacrificial e altruística.

Se a Aliança, desta forma, entende e faz a sua parte, é de esperar que os grupos que a compõem também individualmente o façam, comparecendo a estas reuniões, discutindo os assuntos em pauta e concorrendo a efetivar na prática seus motivos fundamentais que são o congraçamento, a fraternização, a permuta de idéias, a reciprocidade do afeto e da boa vontade, que caracterizam as organizações cristãs verdadeiras.

Os missionários que, desde os tempos pré-históricos, propuseram ou formularam as religiões existentes no mundo, eram galvanizados individualmente pela força intrínseca das próprias tarefas, mas os ensinamentos que deixaram somente se tornaram realidade quando irmanavam na fraternização social os corações e as mentes, unindo-os nos mesmos anseios de conquista de uma vida melhor e de subida para Deus.

A Aliança, cuja base estrutural e cuja força de ação íntima é o conjunto de ensinamentos que o Divino Mestre pregou na Terra e com seu sangue selou, para a eternidade, na memória do mundo, e que está configurado no Evangelho cristão, certamente que permanecerá e atingirá seus fins altruísticos e redentores, se se integrar de forma indelével no coração de seus componentes, vivendo neles como uma imagem preciosa e mística de uma conquista ou de uma posse muito alta, que o Divino Mestre bafeja com seu amor e assiste com sua imensa força criadora de Verbo de Deus que se fez carne e habitou entre nós, justamente para que o seguíssemos, cumprindo seus preceitos sábios e redentores ensinamentos.

Nos dias difíceis que vivemos e que se definem como materialidade e negação, como ambição e desenfreio, como desorientação e egoísmo, é bom saber que há um refúgio de vida espiritual purificada, de atividades singelas e honestas, que somente visam servir a Deus e ao próximo, testemunhar o Divino Mestre, lutar pela difusão do seu evangelho santo, para que possa surgir para todos uma vida melhor e mais feliz no futuro.

Com os olhos postos em Jesus, aqui deixo meus sinceros votos para que esta reunião atinja seus elevados objetivos de espiritualização, e para que Deus, Pai Misericordioso, nos fortaleça as virtudes da fé, do desprendimento e da humildade. E que assim seja!

São Paulo, 1976

7

A REFORMA ÍNTIMA

As religiões dogmáticas oriundas do Cristianismo Primitivo não tiveram como norma a evangelização dos adeptos com a reforma moral e a vivência, como base e objetivo principal, mas sim atrair para suas fileiras a maior parte da população, sobretudo letrados e políticos, para manterem e prestigiarem a comunidade e garantirem relações estreitas com os governos dominantes.

Oficialmente, o maior ou menor aproveitamento dos adeptos, no conhecimento e na prática religiosa, dependia do cumprimento das exigências do culto exterior, ficando a conduta pessoal ao critério do crente e das tendências de cada um.

No Espiritismo clássico, exceção feita do conhecimento teórico e do exercício da caridade, os resultados ficam muito aquém do que poderiam ser se se levasse em conta e se exigisse, de forma sistemática, a reforma íntima, condição indispensável para o êxito do aprendizado evangélico, devendo ser a reforma implícita na aceitação da Doutrina e na sua prática.

No sistema referido, a reforma ocorria eventualmente em casos isolados, sem o condicionamento de sacrifícios e renúncias, a maioria dos adeptos se satisfazendo com efeitos restritos, a leitura de livros, palestras, freqüência a casas espíritas, assistência a fenômenos de efeitos físicos, em cujos atos, se a parte intelectual se alimentava, via de regra a espiritual quase sempre estacionava na rotina e no auto-convencimento.

A iniciação com base na reforma íntima, cujo padrão foi estabelecido nas Escolas de Aprendizes do Evangelho, foi o meio julgado mais acertado para se promover, de forma positiva e não suposta, a evangelização, a espiritualização dos adeptos, naturalmente que com resultados variáveis, segundo as pessoas que a isso se propunham mas, em termos médios, os resultados atingiram fundamente o alvo visado em condições as mais alentadoras.

Passados 26 anos de execução, a apreciação dos resultados asseguram pleno êxito ao processo e sua melhor documentação é o número considerável de Discípulos de Jesus que na vida social testemunham os ensinamentos com atos concretos e obras respeitáveis, no campo sobretudo da caridade espiritual, em bem dos semelhantes.

É fácil compreender que os melhores resultados do aprendizado são apresentados por aqueles aprendizes mais amadurecidos e idealistas que realmente desejaram a espiritualização em grau que lhes assegurem a vivência prática e as servidões que levam à redenção espiritual; mas, em linhas gerais, o aprendizado levou à formação de espíritas de alta conceituação doutrinária, fundamente integrados no cumprimento dos ensinamentos do Divino Mestre e na testemunhação de Sua maravilhosa doutrina de amor universal.

São Paulo, 1976

8

MENSAGEM PARA A ESCOLA DE MAR DEL PLATA

Caros companheiros aprendizes:

Enviamos através do irmão Jacques esta ligeira saudação.

Em um mundo como este, numa época como esta, de desorientação, violência e materialidade que se manifestam por toda parte, o passo mais acertado que se pode dar é prosternarmo-nos todos aos pés do Nosso Criador Eterno, reconhecendo nosso desvalimento, e rogar proteção e forças para prosseguir, vencendo as dificuldades inumeráveis que nos defrontam.

E nenhum auxílio mais precioso podemos receber que a inspiração de nos refugiarmos na espiritualidade, lembrando-nos da excelsa Entidade guiadora, que tantas vezes desceu de seu reino de paz e de luz para conviver conosco nas misérias que são nossas, exortando-nos a caminhar pelas sendas do Bem, amando-nos uns aos outros como Ele mesmo nos ama e provando seu amor pela própria imolação na cruz infamante, para nos redimir do erro, da ignorância e da iniquidade, que formam o carma do nosso sofrimento coletivo.[2]

E, para caminhar nesse rumo, a evangelização é a providência divina a nos socorrer, mormente agora, à hora da maior necessidade.

E para essa evangelização é que foi criada, em 1950, nesta província brasileira que tem o nome do Apóstolo dos Gentios, a Escola de Aprendizes do Evangelho, um de cujos reflexos brilha aí nessa cidade argentina.

[2] Ver *A Hora do Apocalipse*, pág. 37, *Os Exilados da Capela*, cap. XIX, e *O Redentor*, cap. 2. (Nota da Editora)

Não é necessário repetir que esta Escola oferece a orientação que faltava, a segurança que faltava, o ideal vencedor e a fé positiva que faltavam; que ajuda a caminhar no caminho acertado e realizar na vida prática os ensinamentos salvadores deixados por aquela Entidade maravilhosa, a cujos cuidados e devotamento foi entregue por Deus a humanidade retardada da qual fazemos parte.

Aos aprendizes dessa Escola aqui deixamos nossos sinceros votos para que, neste dia feliz, possam ter atingido as condições de reforma íntima que lhes dará ingresso na Fraternidade dos Discípulos de Jesus, que é o remate do esforço enobrecedor e, ao mesmo tempo, o campo amplo e promissor das realizações espirituais objetivas e benévolas que caracterizam as atividades dos verdadeiros discípulos do Divino Mestre.

E assim seja.

São Paulo, 1976

9

A TAREFA MAIOR

Cada missionário crístico trouxe uma linha de conhecimentos e de iniciação espiritual. Com Jesus veio a linha mais perfeita que a humanidade da Terra poderia receber no grau evolutivo que atingiu, o ponto mais alto a que aqui pode chegar: o amor.

"Assim sendo não haverá mais necessidade de novas leis espirituais, bastando que os homens se amem uns aos outros, como a si mesmos."

Essa lei, trazida por Jesus, encerrou o ciclo das revelações messiânicas para nosso mundo, restando agora somente que os homens, utilizando o livre-arbítrio e os demais atributos que já possuem na sua organização psíquica, executem o que lhes foi ensinado e exemplificado pelo Divino Mestre.

Através dessa lei e antes que soe a hora profética das apurações, para separar os bons dos maus, como o próprio Mestre revelou, é necessário que os homens procurem se aproximar das instituições que oferecem a iniciação evangélica em espírito e verdade, para que se esclareçam e se preparem espiritualmente.

Para auxiliar esse heróico esforço criaram-se, a partir de 1940, como base fundamental, entre outros organismos orientadores, as Escolas de Aprendizes do Evangelho, a Fraternidade dos Discípulos de Jesus e, ultimamente, a Aliança Espírita Evangélica, que orientam, encaminham e preparam os que se dispõem a cooperar para a redenção do maior número possível de irmãos nossos, ainda carentes de compreensão e de conhecimento espirituais verdadeiros.

São Paulo, 1976

10

SUPOSIÇÕES

É um erro supor que os tarefeiros, os lutadores que se sacrificam pela difusão das verdades espirituais no mundo, são seres singulares, privilegiados, de saúde perfeita, de força física contínua, que lhes permitem manterem-se à frente de seus trabalhos imunes aos males orgânicos e psíquicos que atacam os seres comuns.

Muito ao contrário, a própria intensidade do esforço que desenvolvem lhes trazem maiores desgastes que ao comum dos homens; sofrem dobradamente os males físicos e morais que, muitas vezes, escondem para poderem permanecer à testa de suas tarefas.

Por outro lado, são alvos constantes para as forças do Mal, que atacam mais intensamente aqueles que trabalham e têm responsabilidades na difusão das verdades espirituais; absorvem, mais que quaisquer outros, fluidos e vibrações pesadas, doentias, daqueles que os procuram em busca de conselho, amparo, orientação e socorro e que, no mais compreensível dos egoísmos, nem sempre se preocupam com os males que podem causar mas, unicamente, com os benefícios que esperam receber.

Os missionários e tarefeiros sabem que seu trabalho significa sacrifícios, renúncia, desprendimento dos bens do mundo material e isso lhes exige também devotamento constante, ininterrupto, nas tarefas, sem maiores preocupações de repouso.

Certamente que merecem, como todos nós, proteção e cobertura espirituais das entidades superiores e são mantidos na luta enquanto isso for julgado conveniente ao bem comum e à execução dos programas do Alto como, ainda, enquanto o seu organismo físico suportar o que deles se exige.

E nessas tarefas contra o Mal, pelo triunfo do Bem, poderiam porventura esses servidores sobreviver, sem o precioso auxílio, o encorajamento, a sustentação e o refazimento espiritual?

São Paulo, 1976

11

ELEMENTAIS[3]

São seres multiformes, invisíveis, sempre presentes em todas as atividades da Natureza, situadas além do plano físico; veículos da vontade Criadora, potencializadores de todas as forças, leis e processos naturais.

Em muitos pontos confundem-se com os "deuses" mitológicos e das religiões primitivas.[4]

Geralmente são controlados e conduzidos por "almas-grupo", designação ambígua, que significa gênio ou deus da própria espécie.

Todos os povos se referiram a eles, elementais, no passado e milhares de seres humanos os viram, como videntes ou exteriorizados do corpo físico por motivos conhecidos e farta é a literatura espiritualista que os noticia; e no próprio Espiritismo há referências sobre eles.

Possuem um metabolismo intraluminoso, de grande velocidade; são transmissores de energias espiritualizantes para as substâncias dos planos inferiores da Natureza no campo físico e formadores das grandes correntes de energia que utilizam, como Espíritos da Natureza.

Nos mundos etéreos, onde se manifestam, são formados de matéria rarefeita, de maior ou menor densidade. Formam várias classes, cada uma delas habitando planos próprios, todos se interpenetrando, isto é, os de menor densidade interpenetrando os de densidade maior.

[3] Esta publicação complementa a matéria que consta do cap. 4, do livro *Mediunidade*, do mesmo autor.

[4] Subsídio deste artigo da obra *O Reino dos Deuses*, de G. Hodson.

Atuam em diferentes planos: no físico, no emocional e no mental inferior quando a forma predomina sobre a energia; no mental superior e no da vontade, quando predomina a vida e o ritmo, a vida se reduzindo à essência concentrada, formando os arquétipos.

Todos os processos criativos, a saber: a criação, a evolução, a vivificação e a forma, são assistidos por hostes desses seres que agem sob a vigilância de um ser maior, responsável, considerado o deus, o gênio da espécie. Exemplo: deus do ar, deus da montanha, deus do mar, etc.

A forma desses seres é muitíssimo variada, mas quase sempre aproximada da forma humana; o rosto é pouco visível, ofuscado quase sempre pelo resplendor energético colorido que envolve o ser. Os centros de força que, no ser humano, são separados, nesses seres se juntam, se confundem, formando um centro global refulgente, do qual fluem inúmeras correntes e ondulações de energias coloridas, tomando formas de asas, braços, cabeças.

São mais conhecidos (e a própria tradição os enumera com mais assiduidade) os elementais da terra denominados gnomos, os do ar, denominados silfos, das águas denominados ondinas e do fogo denominados salamandras, estes últimos sempre presentes nas erupções vulcânicas, nos incêndios, havendo grupos e subgrupos de cada espécie, como forças alimentadoras dos fenômenos naturais correspondentes.

São Paulo, 1976

12

O REDENTOR

Transcrição

De autoria do prof. Deolindo Amorim, presidente da ABRAJE e do ICEB, do Rio de Janeiro, o periódico *Correio Fraterno* do ABC publicou o artigo transcrito abaixo, em seu número de agosto último:

"Eis, aí, um livro simples e útil. Simples, porque escrito em linguagem acessível a todos; útil, pelas muitas e valiosas informações históricas acerca de Jesus e do Cristianismo. É um trabalho de natureza didática. O Comandante Edgard Armond fez um estudo demorado, pelo que se vê, escolheu poucas fontes, mas insuspeitas na maioria, e conseguiu oferecer uma síntese em matéria extensa e complexa, sobre como foi a origem do Cristianismo. Interessante observar que o Autor passa por alguns pontos polêmicos, mas não se compromete com esta ou aquela posição, uma vez que o livro tem o objetivo apenas de esclarecer. Entretanto — e este aspecto é bem relevante — o Autor não se omite, não faz "acomodações": expõe os fatos através de sua seqüência histórica.

> *O REDENTOR, de Edgard Armond, é o segundo tomo da Escola de Aprendizes do Evangelho. É, portanto, o resultado de um curso, um livro para a orientação de quem esteja fazendo seu aprendizado nos estudos evangélicos. Além do que já se conhece através dos evangelistas e das epístolas paulinas, há um quadro de circunstâncias, que se sucederam na peregrinação de Jesus e, por isso, sugerem ao historiador do Cristianismo, e não mais ao exegeta do Novo Testamento, uma recapitulação de certos episódios, comumente narrados em resumo, e até mesmo da*

configuração geográfica das regiões que serviram de cenário ao grandioso acontecimento. O livro de nosso venerando confrade Edgard Armond nos dá uma perspectiva histórica em que certas passagens da pregação do Meigo Rabi como que aparecem com o revestimento de uma realidade ainda mais compreensível.

Seria o caso, por exemplo, de pedir atenção para os capítulos que tratam da situação de desigualdade entre Nazaré e outras cidades da época, assim como a posição de João Batista entre os essênios, marcos de referências do ciclo evangélico. Mas um dos pontos em que o leitor deverá parar um pouco e refletir é justamente o que se refere às diferenças de interpretação. E foram essas diferenças justamente que deram motivo a sérias dissenções entre propagadores e adeptos, como assinala o Autor do livro. Até hoje ainda nos dividimos em matéria interpretativa. Entre os primeiros discípulos — assinala Edgard Armond — havia congregações que "seguiam a Paulo" e outras que "seguiam a Pedro" ... E quanta tinta, quanto papel já se gastou entre nós, até hoje, por causa de dúvidas ou interpretações? É natural que seja assim, porque, em primeiro lugar, entre homens livres a discussão é uma necessidade; em segundo lugar, porque ainda existem sutilezas que não conseguimos apreender suficientemente na Mensagem do Cristo. É um problema de amadurecimento espiritual, como ensina a Doutrina Espírita. Quem fizer a leitura completa de O Redentor, pensando e anotando, ficará de posse de elementos muito elucidativos sobre a vida de Jesus e o desenrolar de sua luminosa missão, como também sobre as figuras que dele se acercaram. O livro é da Editora Aliança.

São Paulo, 1976

13

PRECE CANTADA É RITUAL?

Nos trabalhos de difusão do Espiritismo religioso, uma de cujas bases é a Escola de Aprendizes do Evangelho, lançada há vinte e seis anos, notam-se ainda resistências sobre o uso da prece cantada. Parte de confrades que permanecem adstritos a sugestionamentos e preconceitos, que julgam que a prece cantada é um ritual e que o Espiritismo, como aliás, todos nós sabemos, não tem ritual.

E não se demovem disso, nem mesmo ante o depoimento autorizado de médiuns videntes e de desdobramento, que observam a vida nos Planos Espirituais, assistem reuniões e dão testemunho de ouvirem ali preces declamadas e cantadas e hinos de louvor a Deus e a Jesus, em espontânea e livre utilização da música que, como sabe, é um poderoso elemento de harmonização, de elevação espiritual e de preparação de ambiente de trabalho.[5]

E também não se demovem ante o testemunho oferecido em comunicação do referido Plano que, como não podia deixar de ser por se tratar de uma realidade, referem-se à música no mesmo sentido, como uma expressão edificante de harmonia universal que caracteriza a criação divina; e que, dizemos nós, até para animais irracionais é elemento atrativo, apaziguador.

Como, pois, confundir com um simples ritual esse elemento espiritualizante de tamanho valor, sobretudo quando empregado em atos elevados, como são as aberturas de aulas da referida Escola de Aprendizes do Evangelho?

[5] Dentre outras obras, consultar *Nosso Lar*, de Francisco Cândido Xavier, pelo espírito André Luiz, cap. 3, onde pode-se constatar a prática da prece cantada. (Nota da Editora)

Todavia também ocorre existirem pessoas que ainda não desenvolveram sensibilidade psíquica para perceberem vibrações de músicas mais sutis, como essas referidas, as quais, vibrando nas almas em estado de recolhimento e enlevo, transportam-nos a esferas espirituais acima da nossa, em busca de Deus.

Mas há, ainda, o personalismo, resquício de orgulho de pessoas que se julgam rebaixadas, cantando em público juntamente com outras, mas que, evoluindo, logo depois se libertam.

São Paulo, 1976

14

Orar e Vigiar

Correntes de luz e de força se derramam com abundância sobre os servidores, colocados pelo Senhor nos lugares que lhes competem e nos quais servem.

Mas, aqueles que negligenciam suas tarefas ou se desviam dos caminhos traçados, inevitavelmente fracassam e ainda mais, atrasam consideravelmente sua evolução, bem como a dos seres que lhes foram confiados para as tarefas, de tudo se tornando responsáveis.

É fácil compreender as dificuldades que se oferecem a cada passo para o perfeito entrosamento entre servidores e dirigentes, oriundas de fatores e circunstâncias funcionais e pessoais.

Entretanto, o senso de responsabilidade ante Jesus e as experiências da vivência evangélica assegurarão as boas relações que devem ser mantidas e que, dentro do agrupamento maior, podem todos ter, desde que sejam fiéis aos ensinamentos do Divino Mestre, quando afirmou: "no muito que vos amardes uns aos outros, mostrareis que sois meus discípulos".

E podemos acrescentar: quando esse relacionamento, bem entendido, não for somente de palavras, mas de atos positivos e de corações abertos...

Na vivência do Espiritismo religioso, a responsabilidade é sempre maior, pelo seu próprio teor qualitativo; e todas estas coisas têm importância considerável e valores centuplicados; sendo também certo que a apuração desses valores não será de juízos humanos.

São Paulo, 1976

15

TERCEIRO ANIVERSÁRIO DA ALIANÇA

A tendência natural dos adeptos de uma crença é permanecerem nela, vivendo da melhor forma possível, sem esforço demasiado, num intercâmbio de interesses recíprocos.

No Espiritismo, esta mentalidade de certa forma também ainda existe: quando o esforço ou o devotamento são intensos, passa por ser fanatismo; quando é profundo e sistemático, exigindo renúncia e sacrifício, é taxado por alguns de misticismo. Há sempre um padrão médio de atividades que marca, para todos, o ritmo aceitável, sem indicar desinteresse ou excesso.

Essa "política" é boa para viver a vida comum da sociedade, mas incompatível com o ideal legítimo da evolução conscientizada e autoconduzida.

O Espiritismo, sendo a Terceira Revelação, é uma reformulação do Cristianismo Primitivo para a nossa época e, na assimilação mais profunda dos ensinamentos de Jesus, não há lugar para cálculos ou artifícios, tudo devendo ser feito com devotamento, amor aos semelhantes e sinceridade plena na sua aceitação, compreensão e exemplificação no meio social.

No Espiritismo Religioso, nos dias difíceis e evocativos que vivemos, o ideal imperativo é o do "máximo possível" e não o do "menor" esforço.

No Cristianismo Primitivo, esse máximo levava até ao testemunho da morte, como Jesus mesmo deu exemplo e seus apóstolos e milhares de seguidores também o deram; mas, nos nossos dias, tudo é diferente e o máximo que se pede é somente o "amor a Deus e aos semelhantes", esforço que depende unicamente de nossa vontade, nosso ideal de servir para progredir na espiritualização própria.

Para orientar mais especificamente os adeptos nesse terreno delicado e decisivo de nossa vida atual, foi criada, há três anos, a Aliança Espírita Evangélica, que indica e orienta os esforços a fazer nesse sentido, sem sacrifícios fora do comum, ajudando os aprendizes a se prepararem para os testemunhos, dentro das possibilidades de cada um, e, dessa forma, não havendo impossibilidade na preparação, salvos as da própria vontade.

O testemunho que antigamente levava à morte, hoje representa a própria vida plena, no sentido de esforço, além disso transmutável em alegrias íntimas no campo do amor e da paz.

Aqueles que se decidem por esse caminho, abandonando as comodidades das crenças formalísticas, abrem desde já caminhos amplos e claros para o futuro, numa antecipação positiva do Reino de Deus nos dias presentes que, então, se prolongarão após a morte, na vida feliz dos mundos espirituais superiores a este.

Se, pessoalmente, optamos pelo setor religioso da Doutrina, obedecendo a impulsos maiores, é porque acreditamos nas revelações dos Espíritos benfeitores da humanidade, cujas vozes não cansam de advertir sobre o selecionamento espiritual dos próximos tempos.

E digam o que disserem aqueles que pensam e sentem diferentemente, muito curto é o tempo que nos resta para nos prepararmos e ajudarmos nossos semelhantes a fazer o mesmo. Julgamos que este é um dever de solidariedade humana, rigorosamente dentro do preceito maior do "amai-vos uns aos outros", recomendado por Jesus a seus seguidores.

Aliás, olhando para o mundo, vemos como os sinais das tormentas são visíveis! Como crescem assustadoramente a violência, o temor, a insegurança, a desorientação, a desagregação familiar, o desalento e a desesperança!

Que caminho resta, pois, a seguir senão este de ingressar nas hostes abençoadas de Jesus, que anunciou a chegada destes dias e nos convoca agora para a batalha final da redenção?

E isto dizemos sem pretensão alguma de alarme ou de iluminismo, pois repetimos unicamente o que tem sido revelado do Alto desde há muito tempo, para que tomemos atitude certa e responsável no tempo devido.

Por isso é que a Aliança foi criada com esse caráter religioso dinâmico: para dizer que não temos tempo para esperar que as coisas aconteçam, ou deixar para depois qualquer medida cautelosa da própria libertação, porque esta atual encarnação é decisiva e crucial para a humanidade terrena e o Espiritismo veio ao mundo justamente para ajudar nesse transe difícil e tormentoso.

Hoje todo o mundo de cultura média e até mesmo o próprio povo inculto sabem que há imortalidade da alma e reencarnações em vidas diferentes; mas isto só não basta como ajuda, porque o problema espiritual é do campo interno e cada ser humano deve agir conscientemente, em pleno e livre-arbítrio, para determinar com segurança o lugar que escolhe no cenário do drama e a atitude que ostenta aos olhos dos seus semelhantes.

Somente assim sua conduta será julgada por seu valor específico e pesado seu valimento espiritual.

A esta hora já os trêmulos pilares da fé cega e formalística estão desmoronando e a bandeira a empunhar agora por todos os seguidores do Divino Mestre, sem vacilação será esta:

— Com Jesus, irmãos, para a redenção do mundo.

São Paulo, 1976

16

ESCLARECENDO

E.M. - Capital

P — Para andar bem certo no meu Centro, desejo que o irmão nos diga como se deve encarar quando uma sociedade espírita aceita somente um dos caminhos da Doutrina e não aceita o outro; aceita um ensinamento e não aceita outro?

R — Em ambos os casos, há procedimentos errados: da nossa doutrina devemos aceitar os três aspectos fundamentais que formam uma estrutura, e são: o científico, o filosófico e o religioso, como também os ensinamentos que vieram pela Codificação de Kardec e por outros respeitáveis autores mediúnicos. Preferir e praticar um e não outro dos três aspectos citados, porque se gosta mais de um que de outros, está no direito de cada um, desde que, bem entendido, se aceite o conjunto global da doutrina e não se rejeite nenhum dos três aspectos; e o mesmo quanto aos ensinamentos, optando sempre por aquilo que julgamos o mais certo, após a devida análise e observação de resultados.

H.V. - Sorocaba

P — Tenho uma vidência que me veio assim de improviso. Li os livros sobre mediunidade, inclusive o Mediunidade, *de autoria do irmão, mas aqui não temos mesmo possibilidade de desenvolver e progredir. Podemos abandonar? No caso de penúria de recursos, acho justo deixar para quando Deus ajudar. Estou errada?*

R — Primeiro, se leu o livro citado, como afirma, não seria necessário fazer a pergunta, porque a resposta está ali bem clara no texto. Segundo, mesmo com a penúria alegada, bem que poderia freqüentar uma casa espírita onde melhor se sentisse, iniciando com um trabalho leve (preces, vibrações, estudos de evangelização, etc.). Ou ainda, reunir uns companheiros afins e seguir as instruções do livro *Desenvolvimento Mediúnico*, de nossa autoria, que é essencialmente simples e prático. Pode voltar, se for preciso, que orientaremos.

São Paulo, 1976

17

NOVO MARCO

As atividades humanas, em quaisquer setores, sofrem alternativas, oscilações; estão sujeitas a altos e baixos e fixam datas evocativas que exigem comemorações; constroem marcos iniciais e finais e há leis segundo as quais tudo nasce, cresce, definha e morre. Mas o mesmo não sucede com as coisas de Deus, que sempre permanecem, de qualquer forma.

A Aliança Espírita Evangélica quando nasceu, em 4 de dezembro de 1973, fincou um marco na história do Espiritismo em nosso Estado, não somente por ser um astro a mais, de alto brilho, na constelação espiritual do nosso País, como, sobretudo, por destinar-se especialmente às atividades do setor religioso da Doutrina.

E agora plantou um marco mais fundo e expressivo, com a Reunião Geral dos dias 10, 11 e 12 de dezembro findo porque com ela provou:

1º) que venceu o período delicado dos primeiros dia de vida;

2º) que contou e conta com corações fiéis, dedicados e competentes, que lutaram para que ela vingasse;

3º) que emergiu dos cueiros como uma criança robusta; que já pode locomover-se com os próprios pés, vencidas as primeiras dúvidas e incompreensões.

E provou também que administrativamente tem condições para assegurar o que dela se exige no progresso e no desenvolvimento dos seus programas de ação; e, doutrinariamente, está apta a atingir seus elevados objetivos e realizações, porque conduz uma bandeira moralmente inatacável sustentada por defensores fiéis, sinceros e idealistas.

E ainda mostrou, nesse curto período de vida pública, que as falhas humanas (que são de todos nós), podem ser facilmente ultrapassadas com o estabelecimento de bases sólidas de uma fraternização positiva e isenta de partidarismo sem a qual nenhuma instituição de sentido evangélico tem possibilidade ou razão de existir.

As bênçãos e as inspirações vieram sobre todos capazes de recebê-las, para que os espíritos se desanuviassem de incertezas e os corações batessem com mais força e harmonia, porque todos viram, sentiram e, individualmente, concorreram para tão promissoras realizações espirituais.

A Aliança não é somente uma instituição de trabalhadores encarnados, mas radica-se também no coração dos companheiros do Plano Maior e não pode, por isso, ficar sujeita a fraquezas e ruindades, a desenganos, ambições e apaixonamentos simplesmente humanos; dentro dela, como de outras congêneres, lidamos com interesses espirituais de elevada significação, porque o Evangelho de Jesus afeta a humanidade toda e o trabalhador espírita, por mais modesto que seja, é um elo dessa poderosa organização espiritual, que beneficia o mundo nos dois planos.

Isso é o que devemos ter em vista como norma de ação individual e coletiva.

Atingindo, pois, este ponto favorável do esforço comum, agradeçamos a Deus pelos novos horizontes que se abrem no campo da colaboração; e isso obriga a compromissos também mais amplos de abertura, em todos os Grupos, de portas mais largas e carinhosas a todos aqueles que desejarem conhecer e viver o Evangelho do Divino Mestre, em espírito e verdade, isto é, com pureza de alma, desprendimento corajoso e devotamento ao próximo, acima das misérias humanas, que são do mundo mas não são de Deus.

Com Jesus para frente é sempre o melhor roteiro.

São Paulo, 1977

18

As Boas Obras

Na Aliança tudo é feito com amor, concentração e trabalho, com a humildade recomendada por Jesus; assim a Direção, assim os Grupos que a formam.

Felizes daqueles que perseverarem até o fim, ajudando a manter a Aliança de pé, firmemente, na sua rota, como um marco vivo da vivência evangélica em nosso país.

Segundo a Lei, cada um receberá o fruto de suas obras e da conduta que tiver no esforço de exemplificação. E esta, que a Aliança representa e corporifica é, sem a menor dúvida, obra altamente meritória.

São Paulo, 1977

19

Sessões de Intercâmbio

Esse é um tipo de trabalho prático que deve ser utilizado com parcimônia.

Nos programas espirituais bem organizados, o intercâmbio superior ocupa lugar de relevo, porque normalmente representa as ligações com os planos mais altos, além daqueles utilizados nos trabalhos comuns da rotina habitual dos atendimentos de necessitados (consultas, passes, correntes de curas), ou os de cultura doutrinária (palestras, conferências, reuniões em geral).

Bem analisado o assunto, intercâmbio, como o próprio nome indica, são todos os contatos que fazemos, intelectuais ou psíquicos, com as entidades do plano dos desencarnados (mentores, instrutores, protetores, etc.) e, pela lógica, até mesmo com Espíritos inferiores; mas, para destacar a natureza desse trabalho no bom sentido, sempre nos referimos a sessões de intercâmbio àquelas em que os Espíritos responsáveis, ligados ou não aos trabalhos comuns da Casa ou de agrupamentos particulares, são solicitados a comparecer em sessões reservadas para se manifestarem sobre assuntos ou problemas para os quais escasseiam soluções ou interferem circunstâncias que ultrapassam as possibilidades de administração material ou quando, ainda, se trata do estudo de assuntos doutrinários ou sociais, acima de nossas possibilidades normais, nunca, porém, para assunto de administração das casas e dos grupos, que compete aos próprios dirigentes encarnados.

São Paulo, 1977

20

PARA OS DISCÍPULOS

Terminada a preparação e incluídos os servidores na Fraternidade dos Discípulos de Jesus, passam eles a agir com inteiro livre-arbítrio, organizando programas próprios para suas atividades evangélicas.

Mas, nessa nova condição, livres das servidões da Escola, suas obrigações aumentam ao invés de diminuírem, pois que enfrentam, agora, uma realidade muito mais positiva e categórica; como discípulos sua lei é a exemplificação dos ensinamentos do Divino Mestre, sem restrições, reservas ou qualquer sentido acomodatício; o sacrifício e a renúncia fazem parte do seu esforço.

Porque o discípulo não é maior que o Mestre e o servo que o seu Senhor.

São Paulo, 1977

21

APELO AOS GRUPOS INTEGRADOS

O que o Plano Espiritual espera de todos nós quando integrados estamos no esforço de difusão do Evangelho de Jesus? Espera que a Aliança seja em breve tempo uma instituição padrão, modelar, de iniciação espírita evangélica em nosso Estado.

E não é este, porventura, o nosso próprio desejo?

Vemos a todo instante o trabalho intenso de propaganda que desenvolvem as correntes religiosas, inclusive as mais austeras e tradicionais, nos templos, nos lares e nos logradouros públicos, na tentativa de arregimentar novos crentes às suas fileiras duramente afetadas pela decadência que lavra no mundo, em todos os setores das atividades humanas.

Referindo-nos particularmente à Aliança Espírita Evangélica, o que no momento mais necessitamos é reafirmar nossos propósitos e ideais da primeira hora, em termos de compreensão, unidade e execução, para mantermos inalteráveis a sua estrutura e seus programas, e atingirmos, sem perda de tempo, as suas finalidades básicas, com perfeição e segurança.

Essas finalidades e programas não comportam dúvidas interpretativas ou executivas, porque são simples, claros e justos, pois se baseiam inteiramente no espírito, e na essência do Evangelho de Jesus, que todos nós respeitamos e lutamos para realizar em nosso íntimo e na nossa vida pública, restando somente, então, que os companheiros se integrem neles, se devotem em testemunhá-los com coragem, corações abertos e limpos e disposição firme de vencer a batalha contra o Mal e contra si mesmos.

Na atual desorientação religiosa do mundo, avulta o valor daqueles que se mantêm nos seus rumos sem temores, firmemente, por saberem que são amparados pelo amor e pelo poder Daquele que é o Caminho, a Verdade e a Vida...

Lutemos para que a família espírita cristã permaneça isenta de confusões e dúvidas e assim estaremos preparados para vencer os terrores, as divisões pessoais e doutrinárias, os tropeços e o desenfreio das fraquezas morais que os agentes do mal exploram impiedosamente, no afã de destruir as realizações de amor evangélico, levantadas pelos que seguem Jesus.

Tudo isso forma as dificuldades e as barreiras a vencer nas provações coletivas que caracterizarão o transcurso do século para o advento do terceiro milênio cristão.

Os que permanecerem serão os trabalhadores que o Divino Cordeiro apartará para a vida na próxima terra de promissão, que será este nosso país.

O elevado ideal que animou a todos na criação da Aliança, consolida-se hoje, quando já bem grandes e valiosos são os frutos dessa inspiração.

Portanto, o pensamento de todos nós deve ser este: o que criamos ontem, porque quisemos, defenderemos hoje, por que devemos. Este pensamento marcará a vitória nos dois planos, com as bênçãos do Divino Condutor.

São Paulo, 1977

22

ENTREVISTA SOBRE ZARUR

O simpático jornalista, que nos procurou neste dia, não foi muito feliz, porque estávamos adoentados e não pudemos demorar-nos numa apreciação maior sobre o nosso Irmão Zarur. Mas, justamente por se tratar do Irmão Zarur, a quem muito prezamos, é que nos esforçamos para que possamos, também, tomar parte nessa onda de elogios e apreciações que vários companheiros estão fazendo, em jornais e revistas do Rio de Janeiro. Realmente, como Secretário Geral da Federação, em 1950, tomamos conhecimento da Obra que o Irmão Zarur tinha iniciado, há algum tempo no Rio de Janeiro. E observo, agora, que o trabalho dele é altamente meritório, porque, do ponto de vista espírita, ele faz um trabalho de esclarecimento público, de conhecimentos filosóficos e sociais da Doutrina Espírita. E, conquanto não estejamos mais, agora, integrado em qualquer movimento espírita, como diretor ou como executor, e afastado, como estamos, por motivos de velhice, de idade, e de moléstia, achamos que as homenagens são altamente justas, pelo ideal que o nosso Irmão Zarur desenvolveu, com grande perseverança, e que, hoje, então, se consuma nesse reconhecimento público de tantos líderes espíritas e espiritualistas em geral. De maneira que, não tendo convivido, também, com o nosso Irmão, não podemos acrescentar nada que seja de maior interesse para quem lê esta ligeiríssima apreciação. Somente pedindo a Jesus que dê ao nosso Irmão Zarur novas energias, para que prossiga, imperturbavelmente, na sua espiritual tarefa meritória, esclarecedora das mentes populares, em nosso País. Que assim seja.

São Paulo, 1979

23

Temas para a Escola de Aprendizes

Como temos notado que alguns Centros encontram dificuldades para escolha dos temas oferecidos aos alunos das Escolas de Aprendizes do Evangelho, principalmente a partir do segundo ano (Grau de Servidor), divulgamos a seguir a relação que foi sugerida em circular da Aliança[6], em novembro de 1974:

40ª aula - As dores sangram no corpo, mas acendem luzes na alma.

42ª aula - O sofrimento é recurso do próprio Espírito para evoluir, mas há outros mais suaves.

44ª aula - O mundo desengana e justifica o pessimismo de muitos, mas este julgamento é uma visão imperfeita.

46ª aula - O arrependimento é o primeiro passo para o pagamento de nossas dívidas.

48ª aula - O homem retarda, porém a lei o impulsiona.

50ª aula - A paz é uma conquista íntima do Espírito em prova.

52ª aula - A finalidade da vida é a glorificação de Deus nas almas.

54ª aula - O culto de um Deus exterior é um retardamento evolutivo.

[6] A lista completa dos temas, para a Escola de Aprendizes do Evangelho (EAE), encontra-se no *Vivência do Espiritismo Religioso*, cap. 3. O parágrafo inicial deste capítulo reforça o fato de que esta relação tem caráter sugestivo, podendo o Dirigente da EAE criar novos temas, sempre dentro desta orientação geral. (Nota da Editora)

58ª aula - Sem desprendimento dos mundos materiais não pode haver ascensão espiritual.

60ª aula - Deus é a fonte do bem; o mal é criação dos homens.

62ª aula - A verdade liberta e estimula para a redenção.

64ª aula - Toda virtude que se conquista é uma porta nova que se abre para um mundo melhor.

66ª aula - Nos caminhos das realizações espirituais não há quedas definitivas.

68ª aula- O corpo é o templo do Espírito.

70ª aula - Nos graus inferiores da evolução somente os que compreendem o sofrimento, se humilham e se salvam.

72ª aula - Caminhar com o Cristo é superar a morte, vencer a vida e ingressar, desde já, na eternidade.

74ª aula - Somente após superar o transitório, poderá o aprendiz conquistar a individualidade eterna.

76ª aula - Servir com desprendimento, sem visar retribuições do mundo é viver com sabedoria.

78ª aula - Cultivar o silêncio é lutar pela paz interna, vencendo a agitação do mundo.

80ª aula - Falar pouco e certo é dizer muito em poucas palavras.

82ª aula - A vida é mudança; o dia de amanhã será diferente e marcará a vitória, se a diferença for para melhor.

84ª aula - Não estacionar no bem, nem progredir no mal.

86ª aula - Para conquistas de ordem espiritual é bom que não haja nem entusiasmos nem desânimos.

88ª aula - Nos caminhos da espiritualização o progresso se mede em milímetros.

São Paulo, 1979

24

MENSAGEM AOS MÉDIUNS

Nota — A tarefa mediúnica é sempre assunto de interesse doutrinário. É por isso, que abaixo transcrevemos a mensagem de Edgard Armond da fita-cassete n.º 2, gravada pela Aliança Espírita Evangélica e à disposição de todos os interessados. Estão ainda nessa fita os seguintes assuntos: Espiritismo e Umbanda, Pensamento e Vontade, Interpretação do Pai Nosso e Renúncia.

Vejamos a "Mensagem aos Médiuns".

É comum ver-se como os médiuns novos se aplicam ao trabalho de forma exemplar. Vigiam-se, esforçam-se por melhorar; são assíduos dia após dia, aperfeiçoando-se no desenvolvimento e obedecendo rigorosamente a orientação dos instrutores. E como são escrupulosos e honestos em receber e transmitir o que lhes vem do Plano Espiritual. Por isso, são amplamente ajudados e ao mesmo tempo atingem pontos altos, tornando-se aptos até mesmo para as atividades individuais independentes. Porém, atingido esse ponto, defrontam-se com uma encruzilhada quanto a rumos, uma alternativa quanto à conduta: firmarem-se nas bases do aprendizado anterior perseverando no trabalho que tem sido até ali construtivo quando, bem entendido, os instrutores forem competentes, ou aventurarem-se no campo vasto e muitas vezes enganoso das teorizações, das novidades experimentais, ou, noutro sentido, das superstições, empirismos e misticismos tão generalizados e de que os adeptos devem libertar-se.

Nestes casos a conduta seria esta: se o aprendizado conduziu a resultados bons, se forneceu o alicerce seguro e rumos bem definidos, fechem então os ouvidos e olhos às tentações. Mas, como não devem cair na rotina estagnadora, que foge ao progresso e impede o natural desenvolvimento das atividades, em caso de dúvida devem olhar bem, examinar tudo com cuidado, medir as conseqüências, e só então aventurar os primeiros passos nos caminhos novos. Muitos médiuns, julgando-se já emancipados e auto-suficientes, deixam de estudar, cristalizam-se no que já sabem, afundam no personalismo, desviam-se das bases iniciais, menosprezando-as. Desgastam-se rapidamente na produção de trabalhos inúteis cedendo à vaidade e, muitas vezes, sem o perceberem, caem no domínio dos Espíritos ignorantes ou maldosos fechando, assim, as portas a um progresso que lhes seria acessível em outras ocasiões.

Sejam, porém, quais forem suas condições de trabalho, há recomendações e cuidados que convém ter em vista como, por exemplo: neguem-se a exibições de suas faculdades para atendimento de pedidos de pessoas simplesmente curiosas ou mal intencionadas. Nestes casos as faculdades podem ser facilmente neutralizadas por vibrações negativas, sobretudo a vidência, porque as ondulações cerebrais de pessoas incrédulas, desafetas ou interessadas, nos dois planos, em provocar fracassos, "borram" os quadros e as imagens. Se é no campo de trabalho, cortam os fios de ligação com o exterior; prejudicam assim o médium na sua reputação e a doutrina na sua difusão normal. Não se ofereçam, não se apressem a aceitar desafios ou oferecer provas de suas faculdades; não trabalhar em qualquer ambiente, sob direção de qualquer dirigente; não se apressar em penetrar nas auras e pensamentos de outrem sem motivos justificáveis. Testem, de vez em quando, os resultados do seu trabalho não por vangloria mas quando suspeitarem que podem ter más conseqüências em qualquer sentido — tudo isto para que possam ter certeza de que sua cooperação é produtiva e benéfica para todos.

A transgressão dessas regras na prática traz sempre o enfraquecimento das faculdades, sua degeneração e considerável dano à sua tarefa encarnativa. Além disso, afastam os instrutores de responsabilidade. A tarefa mediúnica, sempre suscetível de desenvolvimento e aprimoramento, impõe ao médium uma atividade correta e eficiente em todos os sentidos para que ele seja realmente um sustentáculo vivo do Cristianismo verdadeiro, e não um farol bruxuleante que mal ilumina, preso à face dos enganos do mundo ou dos ataques das forças das trevas sempre atentas.

O Cristianismo, como outras doutrinas, teve por base a palavra do Divino Mestre e, após ele, a revelação mediúnica como continuação daqueles ensinamentos redentores; esta é a realidade que o Pentecostes simboliza e que deve ser mantida em sua elevada significação e poder. Para isso os trabalhos mediúnicos, como instrumento da continuidade dessa revelação, devem ser o melhor possível, muito além daquilo que os médiuns normalmente produzem. O trabalho mediúnico, comumente superestimado, está muito aquém das necessidades imensas do momento que vivemos.

A mediunidade não comporta inatividade, salvo em casos especiais justificáveis. Inúmeros são os que permanecem inativos, antes mesmo de iniciarem a tarefa santificante; outros abandonam-na em meio porque ela traz desconforto, rouba tempo às atividades comuns da vida social ou doméstica; outros por exigências de família, e outros ainda por desgaste de suposta fé inicial, porque o médium esperava mudança favorável de vida e sucedeu o contrário. E vai então a seguinte pergunta: pensará o médium que a mediunidade lhe veio como homenagem pessoal a seus méritos, para que dela fizesse o uso que melhor lhe conviesse? Esquece-se de que a mediunidade de prova é ajuda divina concedida a faltosos imperfeitos para que se reajustem? Pensará, porventura, que o médium inativo pode ser considerado realmente médium? Do ponto de vista de execução de tarefa, não pode; porque médium, como tal, coloca-se à disposição dos Espíritos do bem, a serviço da Revelação e da propagação da Verdade no mundo. Inativo, o médium nada transmite; deixa de ser intermediário e a fonte seca, os Espíritos do bem se afastam. Isto entretanto não quer dizer que ele não pode a qualquer tempo, sobrepondo-se a dificuldades e impedimentos, retomar a cruz do sacrifício da disseminação do Evangelho, que é o padrão moral do seu trabalho e a meta final do seu esforço. É claro que estamos nos referindo não a médiuns que trabalham em Espiritismo científico. Por exemplo, médiuns de efeitos físicos, mas, mesmo para esses, essas recomendações são interessantes.

Por isso é que adotamos o termo mediunidade-tarefa para designar aqueles que oferecem a mediunidade para ser utilizada em proveito do trabalho no campo coletivo, aqueles que honram seus compromissos com seus sacrifícios evangélicos.

São Paulo, 1979

25

Tarefa da Aliança

A Aliança Espírita Evangélica não é simplesmente uma instituição espírita, que executa programas pré-estabelecidos no campo da difusão doutrinária e da preparação de discípulos de Jesus: como seu próprio nome o indica, tem como finalidade também o campo religioso, levantar o ser humano, apontar-lhe rumos certos e reunir adeptos e servidores na defesa e testemunhação dos ensinamentos de Jesus — o Cristo planetário — que visam ao esclarecimento espiritual e à redenção da humanidade.

Na execução dessa elevada tarefa não se desvia, não disputa, nada ambiciona. Não há nem pode haver, portanto, pensamento algum, atitude ou ação individual que vise a interesses pessoais, ambições simplesmente humanas, mundanas; muito mais alto se colocam seus dirigentes, comprometidos como estão ante Jesus, na defesa e execução dessas elevadas e dignificantes finalidades espirituais.

Os dias atuais estão passando com maior rapidez que nunca, aproximando-nos dos momentos emocionantes do selecionamento cíclico de penetração no 3º milênio cristão e, como uma inspiração que vem de cima, derrama-se sobre o mundo e penetra nas almas a advertência do Divino Mestre, feita há quase dois mil anos: "Eu sou o caminho, a verdade e a vida; ninguém vai ao Pai senão por Mim", afirmação que, no Apocalipse de João, se confirmou quando, entre todas as Potências espirituais presentes, Ele, o Cordeiro, foi o único julgado digno de abrir o Livro da Vida e quebrar os selos cósmicos que derramariam sobre o mundo os terríveis elementos de julgamento final; e o mesmo único que poderia abrir as portas da Jerusalém celeste aos seguidores fiéis que venceram a si mesmos na luta pela evangelização.

Estes são os pensamentos que devem preocupar preferentemente as mentes e os corações dos aprendizes e discípulos, muito longe e muito acima, portanto, dos mesquinhos interesses mundanos comuns, mesmo porque, quando se inscrevem nas Escolas de Aprendizes e ao fim do curso, quando ingressam na Fraternidade dos Discípulos, cerram-se para eles as portas das futilidades e dos interesses passageiros da vida comum, passando a viver desde já em esfera mais elevada de sentido mais universal, mais próximos, por fim, do coração do Divino Redentor.

São Paulo, 1979

26

SEDES DAS CASAS ESPÍRITAS

Respondendo a carta de um confrade que se refere à pobreza das sedes espíritas convindo melhorar sua apresentação pública e social, respondemos:

O Espiritismo — que é o Cristianismo revivido em nossos dias — não necessita de suntuosidade e riquezas em suas sedes sociais, por várias razões, mas, sobretudo, porque não faz distinções entre seus adeptos, aceitando e beneficiando a todos indistintamente; e também porque a maioria deles é a mais necessitada e sempre a mais humilde e se sentiria constrangida na freqüência, visto que a suntuosidade se tornaria ela mesma um elemento de separação.

Sedes confortáveis sempre que possível, mas modestas e acolhedoras, eis o mais aconselhável, conveniente e compatível com a própria finalidade da Doutrina, sobretudo no setor religioso, que é o da Aliança Espírita Evangélica.

A grandiosidade que devemos procurar em nosso atraso espiritual atual é a escala evolutiva pela reforma íntima, aproximando-nos um pouco mais de Jesus — o divino Redentor humano.

São Paulo, 1979

27

AFINIDADE ESPIRITUAL

"Laços de simpatia ou de ódio se ligam na eternidade do tempo e se alimentam de amor, de sacrifícios ou, contrariamente, de sentimentos inferiores, até que se diluam nos sofrimentos e amadureçam na compreensão." Assim diz Anath, personagem do livro *Almas Afins*, de Edgard Armond, publicado pela Editora Aliança.

Esse pensamento resume o propósito do livro e o sentido geral da narração, que se desenrola desde a pré-história, começando na lendária Lemúria, berço da Terceira Raça, estendendo-se depois à misteriosa Atlântida, onde encarnou a Quarta Raça, para desenvolver-se, em seus lances culminantes, no velho Egito da 18ª Dinastia, durante o reinado de Amenhotes IV, por volta do ano de 1383 antes de Cristo.

No "Preâmbulo", esclarece o Autor: "Utilizando convenientemente a mediunidade, estabelecemos contato com entidades de origem remota, que desempenharam papel destacado na vida social, religiosa e política de vários países, e reconstituímos suas vidas em determinados períodos ou épocas, conforme este livro o demonstra. Ao empreender esta narração temos em vista, além do conhecimento da pré-história, documentar um dos mais fascinantes aspectos da Lei da Reencarnação, nos seus entrosamentos com o Carma, que é o nome oriental pelo qual é conhecida a Lei de Causas e Efeitos". Do ponto de vista histórico-doutrinário, "cabe-nos também focalizar o fato inegável de que, por mais poderosos que sejam os homens, jamais conseguem impor às massas populares cultos estranhos ou contrários à sua própria mentalidade ou sentimentos".

São Paulo, 1979

28

NA LEMÚRIA E NA ATLÂNDIDA

Não há mais diferenças paisagísticas entre a Lemúria e a Atlântida, salvo os corpos físicos dos homens e dos animais, que variam bastante. Todavia, entre essas duas civilizações há milênios de tempos, como adverte Anath, a personagem que foi a sacerdotisa Marani, na Atlântida, depois reencarnada no Egito como Nut e que, no livro, se apresenta como Anath, a "coordenadora do programa".

Na Lemúria, é mostrado um templo, onde se cultivou a essência espiritual da vida, na sua expressão mais profunda e rude. "Ela era ainda muito instintiva, mas a sua beleza natural estava sempre presente, atraindo a criatura, ajudando-a, visto que a mente humana era ainda muito primitiva". Foi na Lemúria "que se deu ao homem encarnado na Terra o conhecimento do fogo, do qual fez ele logo um culto arraigado, não só pelos efeitos observados na preservação da vida física e no seu conforto, como principalmente como um exemplo vivo, crepitante, da presença de um deus invisível".

Milênios mais tarde, na Atlântida, surge o templo do deus IMATAN, onde os sacerdotes e iniciados desenvolvem "um curioso exercício de transmissões telepáticas, projetando entre si pensamentos e imagens e recolhendo-as uns dos outros". Os fatos se desenrolam uns 60 mil anos a contar de hoje para o passado, na velha Atlântida, antes do primeiro grande afundamento[7].

[7] Ocorreram dois afundamentos no continente atlante. Ver além de *Almas Afins*, *Os Exilados da Capela* e *Na Cortina do Tempo*, do mesmo autor. (Nota da Editora)

A propósito, o sacerdote Zaltan é avisado por uma entidade superior, materializada de forma luminosa, que "uma grande desgraça sobrevirá a este país, atingindo a todos aqueles que aqui vivem ou aqui permanecerem". A entidade recomenda que Zaltan e seus auxiliares busquem outras terras, recomendação transmitida também à direção do Templo. Assim, quando chegou o dia das "calamidades maiores", alguns sacerdotes e iniciantes conseguiram fugir para o mar.

29

NO EGITO ANTIGO

A partir do capítulo 8º, a narração de *Almas Afins* tem por palco o Egito antigo, sob o reinado de Amenhotes IV. Seu pai, o rei Amenhotes III, havia trazido para Tebas o culto solar de ATON, deus considerado secundário, cultuado na tribo síria, à qual pertencia a rainha Thiy, com quem o faraó se casara. Seu filho, que subiu ao trono com 17 anos de idade, para neutralizar a oposição dos sacerdotes do culto oficial de AMON, construiu uma nova Capital, no interior do país, para lá se mudando com a corte. Sua decisão desencadeou hostilidades terríveis, com profunda repercussão na massa do povo e rebelião de países vassalos.

Amenhotes IV reinou 12 anos e, em completo ostracismo, morreu com 29 anos de idade, sendo substituído por seu filho Tut, imberbe, que governou pouco tempo; sucedeu-lhe o General Horemhet, que logo consolidou o culto anterior de AMON, restaurou o prestígio nacional abalado e o imenso poder do Império no Exterior.

Além do aspecto político-religioso, envolvendo a luta entre o faraó Aquenaton (nome adotado por Amenhotes IV) e o sumo sacerdote, o livro focaliza "aspectos íntimos e afetivos" que envolvem as personagens, destacando os profundos laços que uniam espiritualmente o sumo sacerdote Hriror e sua filha Nut, a sacerdotisa do Templo de Tebas. Por muitas vezes, "esses dois Espíritos afins encarnaram e desencarnaram em muitas partes diferentes e em diferentes épocas, mas sempre realizando juntos tarefas benéficas no sentido do Bem". É que — segundo explica Anath — "àquele que erra, sempre se dá oportunidades novas de melhoria e redenção, e a bondade infinita do Senhor ainda lhe põe no caminho as criaturas que foram objeto de seus erros, para que, no campo do amor, sejam estes apagados para sempre".

Edgard Armond conclui a narrativa com importante observação: "Ainda hoje, quando escrevo este livro, nestes dias agitados, às vésperas de uma transição cíclica de grande significação cósmica, continuam juntos (os dois Espíritos que foram, no Egito, o sumo sacerdote Hriror e a sacerdotisa Nut), e o seu amor cresce sempre, de forma incrível, como um sentimento que não é próprio deste mundo".

São Paulo, 1979

30

MENSAGEM PARA A REUNIÃO ESTADUAL DA ALIANÇA

Após as reuniões em grupos, para melhor entrosamento entre os participantes, todos se juntaram para a reunião plenária. Inicialmente foi lida mensagem especial de Edgard Armond, cuja íntegra é a seguinte:

Caros confrades.

Como oportunidade que sempre surge nas reuniões coletivas da Aliança, trago-vos também hoje minha palavra de fraternal estímulo e congratulações, por vos reunirdes mais uma vez com o intuito sadio e nobre de fraternização, palavra positiva que traduz, expressivamente, o sentimento evangélico enaltecido pelo Divino Mestre quando disse: "pelo muito que vos amardes uns aos outros, provareis que sois meus discípulos".

Já temos afirmado várias vezes que, pelas suas conseqüências, a união sincera e fraterna dos Grupos Integrados transcende ao sentido das palavras, porque significa, mais precisamente, que essa unidade é essencial e deve existir em todos os escalões da Aliança, da qual os Grupos são as próprias colunas de sustentação.

E esta unidade, por outro lado, torna cada dia mais forte e poderoso o próprio Espiritismo Nacional, porque a Aliança, em si mesma, por sua essencial finalidade, é uma reafirmação prática do título dado ao nosso país de Pátria do Evangelho.

Ela não é um simples centro que se abre ou se fecha sem maiores conseqüências, mas uma realização espiritual padrão que existe e permanece, como testemunho vivo e operante da vivência evangélica.

Nunca é demais repetir para aprendizes, discípulos e trabalhadores em geral, que uma das maiores possibilidades de êxito da nossa Doutrina, na sua tarefa cósmica de auxiliar e orientar a humanidade da Terra, cresce de vulto e valor nos dias que correm, devido à rápida desagregação do mundo e a aproximação dos acontecimentos terríveis do selecionamento espiritual da humanidade, na parte final deste século, para o advento do terceiro milênio cristão.

Qual o maior êxito da Doutrina, nesse selecionamento de valores espirituais que a apresentação ao Tribunal Divino, de frutos abundantes de seu trabalho nas almas humanas, pelas transformações morais exigidas pelo próprio Divino Mestre nas pregações de seus ensinamentos redentores?

Pois a Aliança, pela sua essencial finalidade evangélica, é uma antecipação e um aprimoramento desse esforço de reforma moral que a Doutrina deve generalizar agora para poder apresentar, nesse tempo a vir, o maior número possível de beneficiados redimidos pelo Evangelho.

Todos nós, como espíritas verdadeiros, poderemos compartilhar desses benefícios pelo nosso próprio esforço, sincero e humilde, vencendo nossas provas, expiando nossos resgates cármicos, realizando com firmeza nossa reforma íntima, conscientemente, convictamente, e purificando nossas almas à luz dos ensinamentos redentores do Evangelho, num impulso geral em todas as casas espíritas.

Somente então o Espiritismo poderá oferecer ao Divino Mestre os resultados esperados pelo seu imenso coração, vendo que não foram vãs ou falhas as esperanças de redenção.

Somente assim, através do Evangelho, compreendido, sentido, vivido e testemunhado, poderemos todos compartilhar desse grandioso e feliz resultado.

Pois para isso foi que vos fizestes aprendizes, discípulos e trabalhadores de muitos matizes, compartilhando dessa grandiosa realização espiritual, nesta oportunidade singular e profética, que tão cedo não se repetirá para o mundo e por um tempo que não se pode medir.

Se tiverdes união entre vós, humildade, fé e desprendimento, sem desvios e ambições mesquinhas, a Aliança sobreviverá nessa tarefa sagrada de respeito e difusão dos ensinamentos do Divino Mestre, que foi, aliás, o motivo determinante de sua fundação, há seis anos.

E se assim não for, se essa união fosse rompida, não resistiríamos isoladamente aos embates das forças das trevas, que lutam contra a evangelização do planeta, e que as legiões fiéis ao Divino Mestre defendem valorosamente por toda parte; e, mesmo sem o percebermos, de certa forma teríamos concorrido para aumentar as dificuldades nessa luta imensa de luz contra as trevas, porque sabemos o que somos, para onde vamos e quem é a entidade divina que nos orienta e conduz, nada nos faltando, portanto, para seguir, com fé e esperança, pelos caminhos certos. Como já participais, como espíritas, desse setor (no momento o mais importante e de ação mais decisiva da Doutrina) como colunas estruturais da Aliança que a essa tarefa se devota de forma completa e integral, todo vosso esforço de agora deve ser empregado com mais firmeza e decisão em manter a estabilidade e engrandecimento da Instituição o que, aliás, por fim reverterá em vosso próprio engrandecimento espiritual, e assim cooperando, de todas as formas, para que nada prejudique sua trajetória espiritual. Tendes em mãos o que é mais perfeito e mais certo, inútil seria despender energias noutra direção, restando-vos perseverar nessa cooperação, unindo-se firmemente aos demais companheiros, para o êxito da tarefa comum.

Se sabemos qual o fim da jornada e qual o condutor que seguimos — que é Jesus —, marchemos juntos, somando esforços, cumprindo assim, também, nosso atual programa encarnativo apressando nossa evolução, ainda bem retardada.

Esta é a redenção prometida pelo Divino Mestre e devemos conquistá-la por nós mesmos, e esta é também a melhor hora de consegui-lo, em plena consciência e na mais perfeita dignidade espiritual. E se o coração do Mestre se alegrar, por ver que sua divina seara frutificou como esperava, sua alegria será também um pouco nossa, como arroteadores humildes que estamos sendo deste solo do Cruzeiro, abençoado por Ele antes mesmo que fosse descoberto e povoado.

Trabalho, união, desprendimento e fé. Estes são os nossos lemas; e por isso é que nos congratulamos convosco, fazendo ardentes votos para a vitória final da luta do amor — com Jesus.

E que assim seja.

São Paulo, 1980

31

HORA DO APOCALIPSE

Para todos que aspiramos progresso em nossa evolução espiritual, as maiores preocupações do momento devem ser os acontecimentos ligados ao próximo selecionamento espiritual da humanidade da Terra.

Esse selecionamento é cósmico e se dá em períodos aproximados de dois mil anos. O período atual, prestes a completar-se, teve início com o nascimento de Jesus na Palestina, penetrou em seu estágio terminal em 1950; estendeu-se daí, rapidamente, até nossos dias, prosseguindo em seu inevitável desdobramento até 1984, seu primeiro ponto crítico. Deve atingir seu clímax na década dos anos 90, com aspectos mais dramáticos, até transpor o milênio, já no ano 2000 e um pouco além (cento e sessenta anos), ao mesmo tempo em que no calendário cósmico, chega a termo o signo de Peixes, designado "cristão" e entra-se no de Aquário.

O selecionamento de habitantes de orbes é habitual em nosso sistema planetário e, em geral, consiste na separação de Espíritos pelos seus valores qualitativos, expressos neles mesmos, pela luz que revelarem, processo esse que o Evangelho de Jesus e, mais particularmente o Apocalipse de João, simbolicamente descrevem como "julgamento" e separação de bons e de maus, os primeiros passando para a direita do Cristo, para que prossigam habitando a Terra renovada, e os últimos, para Sua esquerda, destinados a descartes para mundos mais concordantes com suas condições de retardamento espiritual.

Sobre esse impressionante acontecimento, Espíritos conhecidos, de respeitável hierarquia, ligados à evolução do planeta e, especialmente, do nosso país, oferecem neste pequeno texto

(*Hora do Apocalipse*[8]) preciosas interpretações que coordenamos na mesma ordem em que se encontram no Apocalipse, para melhor apreciação e entendimento.

Em várias épocas, a partir de Jesus, o chamado "Fim dos Tempos" foi anunciado com alvoroço e emoção, supondo-se que o mundo acabaria; e fenômenos físicos, como cometas e eclipses, erupções vulcânicas, terremotos e maremotos pareciam confirmar as suposições. Mas o tempo, passando, os desmentia e a vida retomava seu ritmo normal, pois que não passavam de fenômenos naturais que a ignorância generalizada do povo inculto dramatizava por ameaças divinas .

Mas os anúncios de agora merecem maior ponderação, pelas credenciais de seus autores, que falam com uniformidade, demonstrando integração em conjuntos direcionais; e também porque os acontecimentos que ocorrem na Terra, envolvendo sua humanidade, confirmam de certa forma a natureza e os prazos profetizados para sua ocorrência. E ainda porque os grandes acontecimentos históricos que ocorrem em fins de períodos cíclicos, são sempre precedidos de revelações e fenômenos insólitos, que afetam mais ou menos fundamentalmente a vida humana e a da própria natureza.

E no alinhamento destas razões pode-se também acrescentar um argumento importante, que é o fato da própria ciência materialista estar, em nossos dias, revelando e confirmando a ocorrência futura desses fenômenos e até mesmo a data em que se darão.

São Paulo, 1980

[8] O texto *Hora do Apocalipse* foi incluído no livro *A Hora do Apocalipse*, juntamente com outros cinco textos sobre o assunto. (Nota da Editora)

32

MENSAGEM PARA A REUNIÃO GERAL DA ALIANÇA

Caros discípulos de Jesus.

Na destinação espiritual desta Fraternidade, de se tornar um dos sustentáculos do Espiritismo em nosso Estado e no País, já possuímos um passado de mais de 26 anos a relembrar, sendo o mais importante a verificação de que uma apreciável evolução já se deu, desde a criação da Escola de Aprendizes do Evangelho, em 1950, e desta Fraternidade em 1954, na Federação Espírita do Estado de São Paulo, até o presente, no movimento espírita em nosso Estado, sobretudo no dinamismo da ação, no entendimento e no modo de encarar e difundir a Doutrina, com prevalência do Espiritismo Religioso.

A primeira turma foi constituída dos mesmos servidores que inauguraram a referida Escola de Aprendizes, empolgados e felizes ante as perspectivas místicas da espiritualização a realizar.

Mas o tempo, passando, para muitos, a partir de então, apagou grande parte das lembranças, porque se esqueceram os discípulos de que fraternidade significa união e amor, em pensamentos, sentimentos e ação.

Em prosseguimento, milhares de outros vieram vindo, passando pelas mesmas emoções do início, os esforços da reforma íntima, a alegria da futura passagem a discípulo; e outros, muitos outros, continuam a vir até hoje, com os corações animados dos mesmos sentimentos e esperanças, formando turmas que se sucedem numerosas, somando milhares de discípulos.

Mas onde estão todos agora? Que fizeram neste largo período de tempo? Como cumpriram os compromissos assumidos com o Divino Mestre e consigo mesmo?

Sabemos do destino e das obras de muitos que, nas casas espíritas, se devotam aos testemunhos evangélicos, mas tudo ignoramos a respeito dos demais, onde estão, que trabalhos realizam, como vivem, se tiveram êxito ou desistiram das tarefas edificantes que lhes cabia realizar?

Pois bem, amigos, estas reuniões da Fraternidade que a Aliança Espírita Evangélica promove anualmente, além do reencontro e da fraternização dos presentes, visam também a dar respostas a estas interrogações, que são dúvidas que se avolumam na mente dos que estão unidos, mãos laboriosas e firmes nos arados, que semeiam e colhem seus frutos, na seara abençoada do Divino Mestre, com sinceridade e devotamento.

Visam estas reuniões justamente a reunião de todos, presentes e ausentes, e valem também como toques de reunir, como chamamentos, apelos para que marchem juntos, à sombra alentadora da bandeira do Mestre, na solidariedade própria dos que são Irmãos espirituais.

Ademais, numa hora destas, transcendente e delicada, como podemos viver e cumprir compromissos coletivos, atingir as metas espirituais prefixadas, permanecendo dispersos, ignorados uns dos outros, ante as dificuldades crescentes do mundo desorientador que nos defronta; às vésperas dos acontecimentos dolorosos e emocionantes anunciados para este fim de ciclo evolutivo, para os quais os discípulos foram justamente preparados tanto psíquica como moralmente!

É velho o refrão que diz que a união faz a força: pois justamente para essa união é que esta Fraternidade se constituiu e luta para se tornar um organismo dinâmico, eficiente e espiritualmente promissor.

Mas não basta ser discípulo nominal; cabe a todos o dever de provar que são dignos da investidura. Como também não basta ligarem-se ao Mestre e a Deus nas preces diárias, muitas vezes formalísticas, não o estando nos trabalhos, nos esforços da luta e nos testemunhos pessoais e coletivos das tarefas, porque estas menos difíceis se tornarão para todos os companheiros e mais valiosos os resultados que poderão apresentar, se estiverem todos juntos, trabalhando em comum, e auxiliando-se reciprocamente.

Por isso é que o Mestre, ao seu tempo entre nós, pedia aos seus seguidores e discípulos que se unissem fraternalmente, somando esforços e fielmente seguindo os ensinamentos, para que a Boa Nova do Evangelho pudesse ser levada a todas as partes na sua elevada significação de amor e fraternidade para a redenção.

Para isso Ele recomendou que os seguidores se fariam conhecidos por onde passassem pelo muito que se amassem uns aos outros; e quando desencadeou-se a perseguição clerical, já estando o Mestre ausente, a fé e a noção da responsabilidade espiritual de cada discípulo, mesmo quando afastados uns dos outros pelas tarefas a executar, e o amor profundo que os unia ao Mestre, foram as forças que permitiram o arroteamento do solo para as primeiras e eternizadas semeaduras cristãs.

Estamos na hora exata em que de cada um dos discípulos se esperam decisões firmes e definitivas de fraternização e de trabalho comum; tiveram o mesmo ponto de partida na Escola de Aprendizes, cujos programas e finalidades são bem claros e conclusivos; que falta, pois, para que se procurem, se unam e realizem com desdobrado proveito as tarefas que são de todos?

O pensamento fundamental do discípulo deve-se unir aos companheiros para cooperar com Jesus na Sua transcendente tarefa de redenção humana, pois que a vontade do discípulo deve ser a mesma do Mestre, da mesma forma como Ele disse que era d'Aquele que o enviara, e exatamente como nas preces de todos os dias também repetimos: "Seja feita, Pai, a tua vontade assim na terra como no céu".

Não havendo, pois, nesta destinação espiritual dos discípulos, algo que separe mas tudo havendo que exige união pelo amor e pela fidelidade ao Mestre, na forma dos compromissos assumidos na matrícula como aprendiz e na investidura como Discípulo, publicadas nessas memoráveis datas, só nos cabe aqui rememorá-las para que não caiam no olvido com o tempo. São as seguintes e constam do tomo nº 1 da série Iniciação Espírita:

"Os aprendizes comprometem-se:

1) A se edificarem no estudo aprofundado do Evangelho e sua exemplificação;
2) eliminarem vícios e defeitos pessoais, visando à purificação de corpo e espírito;
3) manterem-se unidos, congregados fraternalmente, dispostos à formação de uma unidade espiritual poderosa, destinada a auxiliar necessitados em geral;
4) conservarem-se unidos, à disposição permanente e vigilante dos Espíritos Superiores auxiliares do Cristo, para a realização de Sua santificante tarefa planetária;
5) esforçarem-se nessa Fraternidade de aprendizes até que, por seus próprios atos e méritos, possam se transformar em autênticos discípulos do Mestre em espírito e verdade."

Pois bem, estes foram os compromissos, e durante inúmeros anos o tempo passou e as turmas se sucederam umas às outras; mas repetimos a pergunta: onde estão os discípulos? E onde está a união que a esta hora deveria ser efetiva, total, englobando a todos, sem discriminações de quaisquer espécies?

Se a Deus, que é o Senhor e Criador de tudo o quanto existe, glorificamos como nosso Pai, e se Jesus, mesmo sendo quem é, se qualifica como nosso Irmão Maior e divino condutor, como então nós, pobres mortais, carregados ainda de inferioridades, desprezamos a altíssima oportunidade que nos é dada de nos dizermos seus discípulos, e de podermos, com nosso devotamento, assegurar o apressamento de nossa evolução, congregando-nos fraternalmente sob sua bandeira salvadora? E por que não estamos hoje todos juntos d'Ele, pensamentos, corações e vontades postos ao seu serviço, no amanho cuidadoso de sua santa seara e na testemunhação do seu Evangelho redentor, provando que somos discípulos autênticos, verdadeiros e fiéis?

Esperamos que todos compreendam também, que tanto esta Fraternidade, como a Aliança Espírita Evangélica (sem diminuição de qualquer outra instituição merecedora) são esteios, colunas sólidas, firmemente cravadas no solo abençoado de nosso País, e que a todos nós, espíritas, e trabalhadores responsáveis, cabe sustentá-las, mantendo-as inabaláveis e íntegras, em benefício da própria Doutrina e da nossa própria trajetória evolutiva individual.

Para os discípulos porventura afastados do trabalho, sugerimos as seguintes alternativas: a) juntarem-se aos companheiros que operem nas Seções Dependentes da Fraternidade[9]*, existentes nos centros e grupos integrados à*

[9] Com a revisão do Estatuto da FDJ (Fraternidade dos Discípulos de Jesus), em 1995, aboliu-se a expressão *Seções Dependentes*, estimulando

Aliança; b) formarem grupos próprios de trabalho com companheiros também afastados e constituírem Grupos Independentes que se inscrevam e sigam os programas da Aliança atualmente em vigor e c) que, no mínimo, pessoalmente ou por escrito, identifiquem-se na sede da Aliança ou nos Grupos Integrados provando que não são membros inativos, estéreis, da Fraternidade ou afastados, mas presentes e prontos para a cooperação que lhes for solicitada.

Tudo é possível, menos que, após tantos sacrifícios e boas intenções, permaneçam inativos, afastados ou indiferentes aos compromissos que assumiram perante Jesus e a própria consciência ao penetrarem, por livre vontade, na Escola de Aprendizes do Evangelho.

De pé, pois, companheiros e irmãos, para o cumprimento das tarefas que estão à nossa espera por toda parte, servindo ao próximo para servir ao Mestre, na sua grandiosa tarefa redentora desta humanidade à qual pertencemos; e o coração do Mestre certamente que se regozijará, por ver todo o rebanho no seu redil e a todos cobrirá com Sua bênção e o Seu imenso e desvelado amor.

E que assim seja.

São Paulo, 1980

os discípulos de Jesus a se reunirem com a frequência que julgarem necessária para confraternização e organização em torno do trabalho cristão. (Nota da Editora)

Obras de Edgard Armond:

Alerta aos Médiuns - Coordenação
Alguns Aspectos da Vida em Júpiter
Almas Afins
Amor e Justiça
Apocalipse de João (O)[1]
Aprendizes (Aos)
Aprendizes do Evangelho (Para os)
Caminhos do Espírito
Comentando Pensamentos Construtivos
Comentários Esotéricos
Comentários Evangélicos I a VI
Como Ensinar Religião às Crianças - Colaboração
Considerações sobre o Apocalipse de João[1]
Contos Espiritualistas
Contribuições ao Estudo da Mediunidade[4]
Cortina do Tempo (Na)
Cromoterapia
Curas Espirituais
Demonologia
Desenvolvimento Mediúnico
Dias Finais (Os)[1]
Difundindo o Evangelho[1]
Discípulos de Jesus (Aos)
Dupla Personalidade (A) = O Estranho Caso de Rose Ramires
Enquanto é Tempo
Épocas de Transição[1]
Espiritismo (O que é)
Espiritismo e a Próxima Renovação (O)
Espiritismo e Comunismo
Espiritismo e Esoterismo
Espiritismo e o Divórcio (O)
Espiritismo, Religião Redentora
Estudos e Temas = fascículo IX de "Iniciação Espírita"
Exilados da Capela (Os)
Falando ao Coração
Fraternidades do Espaço[3]
Guia do Aprendiz
Guia do Discípulo
Histórico dos Trabalhos de Curas Espirituais na FEESP
Hora do Apocalipse[1]
Iniciação Espírita - Coordenação
Lendo e Aprendendo
Libertação Espiritual
Livre Arbítrio (O)
Margens do Rio Sagrado (Às)
Mediunidade
Mediunidade Prática[5]
Mediunidade de Prova
Mediunidade Tarefa
Mensagens
Mensagens e Instruções
Missão Social dos Médiuns[4]
Normas Básicas para Orientação Espírita
Novos Processos de Interc.
e Aperf. p/ Curas Espirituais
Passes e Radiações
Pensamentos em Prosa e Verso
Prevalência do Espiritismo Religioso[2]
Psiquismo
Questão do Divórcio (A)
Redentor (O)
Relembrando o Passado
Religião Redentora
Religiões e Filosofias[2]
Respondendo e Esclarecendo
Salmos
Salmos - opúsculo
Seara do Evangelho (Na)
Semeadura I (Na)
Semeadura II (Na)
Separações Conjugais à luz do Espiritismo
Tiradentes Missionário
Trabalhos Práticos de Espiritismo
Valor das Mensagens (O)
Verdades e Conceitos I
Verdades e Conceitos II
Verdades e Conceitos - opúsculo
Vida de Jesus (A)
Vivência do Espiritismo Religioso

[1] Agrupados sobre o título *A Hora do Apocalipse*.
[2] O texto Prevalência do Espiritismo Religioso foi incluído pelo autor na obra Religiões e Filosofias.
[3] Incluido em Vivência do Espiritismo Religioso.
[4] Incluido em Mediunidade.
[5] Obra ampliada e atualizada pelo autor, recebendo o título de *Desenvolvimento Mediúnico*.

Atenção! A Editora Aliança está à procura das seguintes obras e opúsculos, ainda não localizados, escrito por Edgard Armond:

Caminhos do Espiritismo
Comentários Esotéricos (Publicado em 1926)
Discípulos de Jesus (Para os)
História dos Trabalhos de Assistência Social
Histórico dos Trabalhos de Assistência Social
Histórico dos Trabalhos Práticos
Normas Básicas para Orientação do Espiritismo
Novos Processos de Intercâmbio Espiritual
Relembrando Conhecimentos

Quem os encontrar, qualquer dos exemplares acima, pedimos a gentileza de entrar em contato com a Editora.

Conheça as edições atualizadas da...

SÉRIE EDGARD ARMOND

Editora Aliança

ENQUANTO É TEMPO
Elucida pontos essencias da Doutrina dos Espíritos.

RESPONDENDO E ESCLARECENDO
Respostas a centenas de questionamentos sobre Doutrina Espírita.

Informe-se sobre novos lançamentos

A DUPLA PERSONALIDADE
Estudo de um caso de regressão de vidas passadas.

ÀS MARGENS DO RIO SAGRADO
A Índia como um cenário de evolução espiritual.

SEMEADURA I E II
Centenas de temas doutrinários explicados c/ clareza e objetividade.

Os romances

consolidando a vivência espírita-cristã

AMOR E JUSTIÇA
Conflito de um casal entre os erros da vida passada e o momento atual.

Os temas que marcam épocas

a história espiritual do homem e o 3º milênio

best seller

OS EXILADOS DA CAPELA
A formação e evolução das raças no planeta Terra.

A HORA DO APOCALIPSE
Esclarecimentos sobre a polêmica virada do milênio.

ALMAS AFINS
A trajetória de Espíritos afins desde a submersa Lemúria até os dias atuais.

NA CORTINA DO TEMPO
Sobreviventes salvos da Atlântida preservam seus conhecimentos destinados à posteridade.

Os temas doutrinários

numeros, fundamentais de interesse geral

RELEMBRANDO O PASSADO
Casos diversos vividos em 35 anos de experiências doutrinárias.

RELIGIÕES E FILOSOFIAS
Estudo comparado entre as religiões e filosofias de ontem e de hoje.

SALMOS
Enaltecimento a evolução e a reforma íntima pelo Evangelho..

e diversos outros títulos...

Impressão e Acabamento
Com fotolitos fornecidos pelo Editor

EDITORA e GRÁFICA
VIDA & CONSCIÊNCIA

R. Santo Irineu, 170 • São Paulo • SP
✆ (11) 549-8344 • FAX (11) 571-9870
e-mail: gasparetto@snet.com.br
site: www.gasparetto.com.br